뉴비와 꼰대가
함께 일하고 있습니다

뉴비와 꼰대가

거친 회사 생활을 헤쳐나가기 위한 세대별 분투기

함 께

지은이
H과장 · D사무관 · X사무관

일 하 고

있습니다

예문아카이브

Prologue

어디에나 꼰대는 있다

그렇게 꼰대가 된다

조직은 특정한 목적을 위해 만들어진 구성체이고 다만 구성원들은 조직의 목적 달성을 위해 역할을 부여받은 사람들이다. 조직에 오래 몸을 담고 있을수록 조직 구성원들은 조직화될 수밖에 없고, 높은 자리에 올라갈수록 해당 조직 구성원은 조직 그 자체가 되어버린다. 조직은 높은 직위에 있는 구성원에게 조직의 운영과 관리에 관한 광범위하고 강한 권한을 부여하기 때문이다. 광범위하고 강한 권한은 조직의 목적에 따라 사용해야 하기 때문에 상사는 스스로를 조직과 일체화시켜야만 본인의 역할을 수행할 수 있다. 일체화는 곧 비인간화를 뜻한다. 이는 조직이 인간이 아니기 때문에 도출되는 자연스러운 현상이다. 다만 비인간화된다는 것은 그 사람의 인간성이 나빠지거나 인생의 가치관이 변화하는 것이 아니라, '조직의 목적'을 조직 생활에서의 우선순위로 강화한다는 것이다. 그러나 아직 인간의 모습을 가지고 있는 직원들에게 그러한 상사는 비인간적인 조직원이며, 비인간적인 상사는 인간성을 기대하는 직원들에게 너무 큰 실망을 준다. 직원들은 그 서러움을 '꼰대'라는 단어로 바꿔 불만을 토로하기도 하며, 자신에 대한 모든 잔소리나 비판을 꼰대질로 프레이밍하는 '꼰무새'로 변태하기도 한다. 그러나 시간이 흘러 조직에 잔류하여 적응해 버린 꼰무새는 어느새 꼰대가 되어버리게 된다. 그러나 우스운 건, 시간이 흐른 뒤 조직에 잔류하여 적응해 버린 꼰무새들이 거울을 보았을 때, 그들이 마주하는 것 역시 그들이 그토록 싫어했던 '꼰대'의 모습이라는 사실이다.

꼰대에 대한 고찰

꼰대질

☞ 자신의 경험을 일반화하여 젊은 사람에게 어떤 생각이나 행동 방식 따위를 일방적으로 강요하는 행위를 속되게 이르는 말

(출처: 우리말샘)

☞ 회사에서는 직원에게 일방적으로 업무 방식 등을 강요하는 상사가 꼰대인 것이다.

---

*'일반 꼰대'와 '업무 꼰대'를 구분해야 한다. 업무 방식 외에 일상생활의 방식을 강요하는 것은 업무 대 업무의 관계에서 이루어지는 것이 아니므로 업무 꼰대가 아니라 사회생활에서의 일반 꼰대. 상사가 부하를 대할 때 특히 주의해야 할 것은 '꼰대'가 아니라 '업무 꼰대'다.

상사가 부하에게 업무를 지시하는 것은 상사가 '본인의 역할'을 충실히 수행하는 것일 뿐이며, 업무 지시 자체를 '꼰대질'이라고 부를 수는 없다. 그렇다면 회사에서 꼰대는 어떻게 만들어지는가. 예를 들면 이렇다. 상사는 업무를 지시하고 관리하는 과정을 통해 십수 년간의 경험에서 체득한 업무 방식을 부하에게 자연스럽게 전수하게 되는데, 그 과정이 일방적으로 이루어질 때 꼰대가 등장하는 것이다.

꼰대는 지금까지 검증해 온 자신의 방식을 부하에게 강요하고, 꼰무새는 상사의 방식을 옛날 생각이라고 무시하며 서로 반감을 가진다.

꼰대와 꼰무새는 일방적으로 자신의 의견만 주장한다는 점에서 본질적으로 같으며, 꼰대란(또는 꼰무새란) 상대와 소통하지 않으려는 태도를 가진 사람일 뿐이다. 그러나 우리는 단순히 꼰대가 꼰무새의 나이 든 버전이 아니라, 꼰무새보다 더 위험하고 흔한 존재라는 것을 깨달을 필요가 있다. 왜냐하면 꼰대는 꼰무새 시절과 다르게 체계성과 완결성을 가질 수 있기 때문이다. 꼰대의 양상은 상하 관계를 전제하는 조직 사회에서 두드러지게 나타나는데, 일방이 주장하면 상대방이 함께 주장하면서 논쟁으로 나아가는 평등 관계에서와 달리, 조직 내에서의 부하 직원은 기본적으로 상사의 눈치를 볼 수밖에 없기 때문이다. 상사가 노골적인 표현 방식으로 자신의 생각을 명백하게 요구하지 않더라도 부하 직원들은 상사의 표정이나 행동에 집중하기 때문에 상사가 머릿속에 지니고 있는 방식을 미리 파악하고 그에 따라 행동한다. 상사는 완벽하고도 체계적인 '최적의 꼰대 생성 환경'에 있는 것이다.

여기서 꼰대의 문제가 직장 내 세대 갈등이 아니라, 상사와 부하라는 관계에서 나타나는 평등과 개방에 관한 문제임을 도출해 낼 수 있다. 그 관계가 수직적이고 폐쇄적일수록 꼰대가 나타날 확률이 높다. 가끔 '꼰대의 문제'가 워라밸을 중시하는 90년대생들이 사회에 진출하면서 새로 등장한, 세대 간 본질적인 차이(성과지향적이냐 워라밸이냐) 때문에 생기는 문제로 인식되기도 한다. 그러나 꼰대의 문제를 단순히 세대 갈등 문제로 접근하게 된다면, 문제를 해결하는 데에 한계를 가질 수밖에 없다. 개인은 어떤 세대에 속할 수밖에 없고, 개인이 아무리 노력한다고 해도 세대별로 가지고 있는 특성을 벗어날 수 없기 때문이다. 결국 꼰대의 문제를 세대 갈등으로 바라본다면, 이는 해결될 수 없는 문제가 되어버릴 뿐이다.

꼰대 현상은 새롭게 등장한 현상이 아니라 지속적으로 있었다. 다만 수면 위로 떠오르지 않았을 뿐이다. 예전에 꼰대가 없었기 때문이 아니다. 최근의 젊은이들이 불만을 적극적으로 표출하고 공유해 지속적으로 있었던 문제를 부각시키는 역할을 하는 데 기여했고, 사회의 분위기가 그러한 주장을 받을 수 있도록 발전된 것이지, 그것이 오직 젊은 세대만 느끼거나 느꼈던 문제가 아니라는 것이다. 최근 '꼰대'라는 단어 덕분에 '일방의 경험과 주장만이 옳다고 주장하는 태도'가 문제임을 인식하는 태도가 보편화되었고, 꼰대질을 하는 사람을 '꼰대'라고 비판할 수 있게 되었다. 무엇보다도 꼰대라는 단어의 등장은 상사들이 자기 행동을 점검할 수 있게 하는 순기능을 수행하게 되었다.

꼰대로부터의 해방

하지만 안타깝게도 이제는 '꼰대'라는 단어가 상사의 자아 성찰이라는 순기능을 넘어 상사의 입을 다물게 하고 있다. '꼰대'라는 단어가 일상화된 이후, 조심하지 않으면 나도 꼰대 소리를 들을 수밖에 없다는 인식이 짙어지고 있다.

꼰대로 낙인찍히는 순간, 젊은 세대로부터 악평을 들을 것이라는 두려움에 몸을 사린다. 이렇게 꼰무새의 표적이 되어버린 사람들은 꼰대라는 단어에 반발심을 가지지만, 본인의 생각을 밖으로 내뱉는 순간 꼰대로 인식되어버릴까 싶어 "꼰대란 무엇인가"라는 간단한 질문조차 던지기 무섭다. 알지도 못하는 꼰대가 되지 않기 위해 직원들에게 말하기 전에 한 번 더 생각하고, 참고 삼키는 바람에 답답함은 해소되지 못하고 잠재적 꼰무새들에 대한 불만은 계속 쌓인다. 그렇다면 상사는 꼰대가 되지 않기 위해서 항상 부하 직원들의 눈치를 보면서 행동해야 하는 것인가.

꼰대 상사와 꼰대가 아닌 상사의 구분이 어려운 상사들은 이제 칼퇴근, 재택근무 등 업무의 강도와 관련해서는 직원에게 온전히 맡기거나, 회식이나 워크숍 등 업무의 연장선으로 보일 수 있는 것들은 아예 선택지에서 제외하는 등, 간편하면서도 확실한 방법을 사용하고 있다. 그러나 아무리 노력해도 부하 직원에게는 꼰대로 보이는 순간의 공백들이 분명히 있을 것이며, 만약 상사가 부하 직원에 대한 답답함과 불만감이 쌓이면서도 그 방법을 고수한다면 무의식적으로 나오는 표정이나 행동을 숨기기 어려울 것이다.

이러한 문제를 해결하는 보다 근본적인 방법은 '꼰대'의 정의에서 찾아야 한다. 핵심은 '평등과 소통'이다. 예를 들어 직원과 의견이 충돌할 때 상사가 본인의 의견을 직원에게 강요하는 것이 아니라 직원의 의견을 듣는 노력을 해야 한다. 직원들이 업무에 관해 자유롭게 의견을 개진할 수 있도록 하고, 그것을 받아들일 용의가 있음을 계속해서 신호를 보낸다면, 그 상사를 꼰대라고 부를 직원은 없다. 모든 상사가 꼰대가 아닌 것처럼 모든 직원이 꼰무새인 것은 아니며, 직원들은 생각보다 꼰대와 꼰대 아닌 사람을 잘 구분한다. 상사가 다양한 의견을 경청할 준비가 되어 있다는 시그널을 보여주는 것 자체로 직원들은 상사와 소통할 용기를 가진다.

이 책은 익명성을 빌려 상사와 부하가 서로의 본심을 파악하도록 하는 것을 돕고자 하며, 이를 통해 '꼰대 여부'를 부하 직원으로부터의 평판이 아닌, 상사 본인이 결정할 수 있도록 하고, 나아가 직원들을 '꼰대'로부터 해방시키는 동시에 상사들을 '꼰대 두려움'으로부터 해방시키고자 한다. 또한 부하 직원들이 꼰대를 구분하는 눈을 기르고, 나아가 꼰무새가 되어버릴 위험에 빠지지 않도록 돕고자 한다.

목차

Chapter 01

그 과장이 꼰대가 된 이유

Chapter
02

더 꼰대라면 이렇게 말했을걸

Chapter
03

꼰대가 되고 싶지 않아

그 과장이
�끈대가 된 이유

그래서 그게 뭐

어떻게 되는 거라고?

: 상사는 왜 보고를 이해하지 못할까

A 사무관: 이상하다, 이상해.

B 사무관: 왜 그래?

A 사무관: 과장님이 지난번에 보고할 때는 다 이해하신 것 같았거든. 심지어 어떻게 하라고 지시까지 하셨어. 그런데 아까 이게 뭐냐고 출장 중에 전화로 또 물어보셨어. 조금 수상한데.

B사무관: 뭐가 수상해?

A사무관: 방금 전화하신 분 우리 과장님이 맞겠지?

과장님,
제 보고 듣기는 하시나요?

부하   요즘 사람들이라고 무조건 워라밸(Work and Life Balance, 일과 삶의 균형)만 생각하는 건 아니에요. 월급으로 간신히 텅텅 빈 통장을 메꾸는 회사의 노예인데, 어떻게 회사 일을 내팽개치겠어요. 밉보여서 짤리면 어떡하려고요. 성과급 생각도 해야 하고요. 그런데 가끔 과장님께 보고를 할 때, 과장님은 제가 무능력하고 무책임한 사원이라고 생각하나 싶을 때가 있어요. 지시한 보고서를 열심히 작성해서 보고를 해도 도통 듣지를 않으시더라니까요. 듣지도 않을 거면 대체 왜 보고를 시키는지 이해할 수 없어요. 저를 무시한다는 기분이 들어 좌절감을 느낄 때도 있어요.

상사 무시당한다고 느꼈다면 사과할게요. 그렇지만 그건 정말 오해예요. 과원들이 스스로 열의를 갖고 일할 때, 관리자도 덩달아 기분이 좋아집니다. 그러니까 과장은 과원들의 사기를 올릴 책임도 동기도 있는 셈이에요. 이런 상황에서 어떻게 대놓고 과원들을 무시하겠어요. 제가 그들을 무시하면 의욕이 떨어질 걸 뻔히 아는데 말이에요. 과원에게 지시한 보고를 한다면, 과장은 당연히 관심을 갖고 주의 깊게 보고를 듣게 됩니다. 일부러 나쁜 마음을 먹고 쓸데없는 보고서를 만들라고 지시하는 상사가 어디 있겠어요.

왜 보고를
이해하지 못하나요?

부하   그러면 더욱 이해가 가지 않는걸요. 그렇게 관심 있
게 듣고 보는 내용을 왜 이해하지 못하시는 건가요?
평소 친구들 사이에서는 저도 말 잘하기로 유명해요.
그리고 보고받으시는 중간중간에 딴생각에 빠지시
는 것 같은데…. 이것도 오해인가요?

상사   이건 좀 창피한 얘기지만 어쩔 수 없이 말해야겠네
요. 절대 핑계를 대는 게 아니라, 정말로 나이 탓이고
자리 탓이에요. 물론 부하보다 어린 상사도 간혹 있
지만, 대체로 상사가 더 나이가 많잖아요? 젊은 친구
들도 한 해, 두 해 나이를 먹어가면서 피부로 느끼고
있을 거라고 생각해요. 세월이란 놈은 집중력도 이해
력도 갉아먹더라고요. 저도 입사할 때만 해도 똘똘하
기로 유명했어요. 그런데 나이가 드니까 도저히 안

되더라고요. 어느 순간부터 빠른 속도로 보고하는 부하의 말을 쫓아가지 못하게 되고 보고 시간이 조금만 길어져도 집중력이 흐트러져요. 보고를 일부러 한 귀로 흘리는 게 아니라, 능력이 떨어지는 나이가 되어 버린 거예요.

게다가 관리자라는 자리에 올라오니 더욱 그래요. 실무자일 때는 내가 담당하는 사업에만 집중하면 됐어요. 범위도 그렇게 넓지 않았죠. 그런데 관리자라는 자리는 담당하는 범위 내 모든 사업을 책임져야 해요. 하루 종일 정신없이 보고를 받다 보면, 어쩔 수 없이 단기적 기억상실에 걸릴 수밖에 없다는 농담을 과장들끼리 주고받는답니다. 물론 신입 사원 때도 과장님들을 보며 어렴풋이 느끼긴 했지만, 실제로 겪어 보니 생각했던 것 이상이에요.

"너네가 내 나이 돼봐"라거나 "너네가 과장 해봐"라는 식으로 말하는 건 아니에요. 그렇지만 말하지 못하는 이유가 있다는 것 정도는 이해해 주었으면 좋겠어요. 어떤 과장이 스스럼없이 부하에게 '나이를 먹어서 집중을 잘 못한다'고 쉽게 고백할 수 있겠어요.

어떻게 보고하면
편할까요?

부하   사실 저희에게 상사라는 존재는 인간적으로 느껴지
기보다 회사에서 모셔야 할 존재로만 생각되어서, 이
런 숨은 고충이 있을 거라고는 생각하지 못했어요.
그러면 보고 시간을 줄이는 것도 도움이 될까요?

상사   맞아요. 아무래도 보고가 짧으면 집중하기도, 이해
하기도 더 쉽죠. 많은 보고를 듣다 보면, 그중에 유독
귀에 박히는 보고가 있기 마련이에요. 대체로 보고
시간이 길지 않고, 같은 말을 반복하지 않고, 간결하
게 상황을 제시하는 보고들이에요. 이런 보고는 보고

중에도 집중력이 유지되고, 따라서 보고 내용도 잘 잊어버리지 않더라고요.

상사 입장에서 가장 듣기 어려운 보고가 바로 사이비 포교식 보고거든요. 가끔 길거리에서 "도를 아십니까" 하는 포교꾼들 있죠? 요즘에는 그게 진화를 해서 다양한 말을 건네며 접근을 한대요. 이 동네 사시는 분이냐, 그러면 무슨 무슨 가게 아시냐, 그 가게 가려면 어떻게 해야 하냐 등을 한참 묻다가, 사실은 묘한 기운이 느껴져서 도와드리려고 말을 걸었다면서 본색을 드러내곤 한대요. 만약 제가 이런 식의 보고를 듣는다면 대체 언제쯤 핵심 내용을 보고할 건지 기다리다가 집중을 잃어버리고 말 거예요. 몇 가지 보고 요령만 잘 챙겨도, 분명 상사의 눈빛을 바꿀 수 있을 거예요.

summary

1 　나이가 나이인지라 예전 같지 않다. 집중력도 이해력도 나이와 반비례하는 능력이랄까.

2 　관리자는 업무 범위가 넓어도 너무 넓다. 광활한 범위에서 수많은 보고를 듣다 보면 진이 빠진다.

3 　보고 요령 몇 가지만 미리 익혀보자! 상사의 눈빛이 달라지게 만들고 싶다면, 보고 방법부터 바꿔보자.

LINK 1 보고를 받은 적이 없다고 우기는 상사 ⋯ p.31
LINK 2 보고서 작성을 강요하는 상사 ⋯ p.42

상사 귀에 쏙쏙 들리는 보고서 발표법
진짜 비밀 팁 1

보고에도 요령이 필요하다. 형형색색 고운 색을 입히고 굵게 강조까지 해놓은 단어를 줄줄 읽는 것은 최악의 보고서 발표법이다. 상사의 눈은 부하의 입보다 빠르다. 부하가 천천히 보고서를 읽는 동안 눈으로 대강 파악하고 시간이 남은 상사는 페이지까지 넘기게 된다. 보고서를 넘겨가며 내용 파악을 얼추 끝냈는데도 부하가 여전히 나열하면서 보고서를 읽고 있다면? 상사는 더 이상 듣는 건 시간 낭비라고 생각하고 중간에 말을 끊을 것이다. 조금 더 인내심이 있는 상사라면 멍하니 허공을 바라보며 듣는 척만 할 것이다. 상사가 정신줄 놓지 않고 내 보고에 집중하게 하려면 어떻게 보고하면 좋을까?

첫째, 이유를 들려줘라. 보고를 왜 들어야 하는지 이유를 알아야 상사는 집중하게 된다. 임원급 관리자는 최고경영 자로부터 끊임없이 성과 독촉을 받기 마련이다. 성과가 나지 않으면 전보는 기본이고, 최악의 경우 퇴사로 이어진다. 자리에 대한 불안감이 클 수밖에 없는 상사는 부하들이 성과를 내서 본인의 커리어까지 탄탄해지기를 바란다. 보고 초반에 보고서대로 이행하면 어떤 구체적인 성과가 나는지를 말하면 상사는 더욱 귀를 쫑긋하게 된다.

둘째, 스토리로 보고하라. 보고도 소설처럼 플롯이 있어야 한다. 하지만 기승전결 구도를 밋밋하게 보고하는 걸로는 부족하다. 격식에 맞춰 딱딱하게 써놓은 글을 그대로 읽으면 상사는 지루하고 답답하다고 느낀다. 압축해서 모아놓은 단어를 오랜 시간 듣게 되면 뇌에 과부하가 초래되기 때문이다. 보고서 내 조사와 연결어, 단어를 익숙한 '입말'로 바꿔서 보고해야 귀에 쏙쏙 들어온다. 보고서 서론 파트인 작성 배경과 현황, 문제점을 드라마틱하게 스토리로 풀어내면 일단 순조롭게 화두를 던지는 데는 성공이다.

셋째, 사례나 은유를 활용하라. 보고서 발표에 있어 가장 중요한 건 본문이다. 하지만 전달이 가장 어려운 것도 본문이다. 양이 방대하고 발표 시간도 길어 상사의 집중력이 흐트러지기 십상이기 때문이다. 이럴 때는 구체적인 사례나 익숙한 대상에 비유해 보고하자. 스피치 달인은 에피소드를 적재적소에 잘 활용한다. 오바마 전 미국 대통령은 의회에 대학 등록금 세제 공제 혜택을 늘려달라고 호소할 때 커뮤니티 칼리지에서 공부하던 50대 두 아이의 엄마를 언급했다. 새 의료보장법안이 필요하다고 역설할 때는 암환자와 중소기업인을 거론했다. 추상적인 단어만으로는 청자의 마음을 사로잡을 수 없기에 감탄사를 자아낼 수 있는 사례를 덧붙인 것이다.

은유도 효과적인 보고 방법이다. 새로운 것을 설명할 때 익숙한 대상에 빗대어 설명하면 설득력이 높아진다. '제2의 손흥민' '여의도공원의 15배'처럼 말이다. 보고를 받아도 상사가 보고서의 모든 내용을 다 기억할 수는 없다. 그럼에도 구체적인 사례나 슬로건 같은 키워드는 기억에 남는다. 꼭 추진하고 싶은 시그니처 사업이 있다면 잊지 말고 활용해 보자.

넷째, 단문을 사용하라. 글도 짧아야 하지만, 말은 더 짧아야 한다. 보고할 때 만연체는 금물이다. 말이 장황해지는 이유는 세 가지다. 잘 모를 때, 자신이 없을 때, 연습이 불충분할 때. 정확하게 알고 있는 것은 짧게 나눠서 전달할 수 있다. 관련 정보들이 이미 뇌 안에 체계적으로 정리되어 있기 때문이다. 이런 구조가 없으면 어디서부터 어떤 내용을 끄집어내야 할지 몰라 횡설수설하게 된다. 말은 길어지고 알맹이는 약하다. 자신이 없을 때도 중언부언하게 된다. 뭐가 중요한지, 핵심이 무엇인지 모르니 알고 있는 것을 그저 풀어놓는 것이다. 보고자 스스로도 정리가 안 되는데 상사가 산만하게 흩어진 보고를 이해할 리가 만무하다.

내용도 충분히 숙지했고 자신이 있는데도 말이 길어진다면 연습 부족이다. 아나운서처럼 요점만 전달하는 연습을 해보자. 중요한 보고라면 보고용 스크립트를 만들고 사전에 충분히 연습하는 것도 좋다. 문장 하나하나를 구사할 때도 짧아야 하지만, 보고 시간도 너무 길지 않아야 한다.

『말센스』의 저자 셀레스트 헤들리(Celeste Headlee)는 미니 스커트 화법을 강조한다. 흥미를 유지할 만큼 짧고, 주제를 다룰 만큼 길게. 부하 입장에서는 한 번인 보고이지만, 상사 입장에서는 부하 수만큼 많은 보고다. 보고용 스크립트를 준비하면 보고 시간을 미리 가늠할 수 있기에 '보고 잘하고 상사 시간 존중하는' 부하로 등극하게 된다.

다섯째, 노래하듯 말하라. 노래는 흥미를 자아낸다. 음의 높낮이와 리듬이 마디마다 달라지기 때문에 적당한 긴장감을 갖고 집중해서 듣게 된다. 말할 때도 속도와 억양에 변화를 주면 상사의 주의를 끌 수 있다. 강조하고 싶은 부분은 목소리 톤을 높이면서 핵심 단어에 악센트를 준다. 상사가 50대 이상이라면 빠른 속도보다는 다소 여유 있는 속도가 좋다. 평소에 말이 빠른 편이라면 복식호흡을 연습해 보자. 말할 때 배를 의식적으로 움직이려는 노력만 해도 충분히 복식호흡이 가능하다. 복식호흡은 적당한 속도뿐 아니라 호소력 있는 힘찬 목소리까지 보장한다.

나는 그런 얘기

들은 적이 없는데?

상사는 왜 보고를 받은 적이 없다고 우기는 걸까

A사무관: 내가 며칠 전에 말한 그 프로젝트 있지? 내가 어제 분명히 과장님한 테 보고한 다음 진행했거든, 그런데 과장님이 왜 보고도 안 하고 진행 했냐고 하시는 거야. 나 진짜 억울해! 나 분명히 말씀드렸다고!

B사무관: 꿈에서 한 거 아냐?

A사무관: 내가 똑똑히 기억해.

B사무관: 그래? 근데 과장님은 왜 그러시는 걸까?

A사무관: 몰라. 근데 과장님도 거짓말하시는 것 같지 않고, 너무 진짜처럼 말해 서 나도 혼란스러워. 이것도 꿈일까.

혹시 일부러
까먹은 척하는 겁니까?

부하   상사가 가볍게 툭 던진 지시 한마디에 직원들은 몇 시간이고 며칠이고 매달려 일을 하게 되죠. 그런데 상사의 지시를 잘못 이해했다간 그렇게 들인 공이 다 물거품이 되는 거잖아요. 그래서 본격적으로 일하기 전에 상사의 의견을 먼저 물어보게 돼요. 제가 보고

한 내용에 대해 상사가 오케이를 한 경우에야 비로소 업무를 추진합니다. 그런데 당혹스러울 때가 가끔 있어요. 한참 일을 해서 보고했더니, 저한테 오히려 일을 왜 이렇게 했냐고 되묻는 경우가 그래요. 일을 추진하기 전에 사전에 보고하고, 이대로 해도 좋다는 답을 들었다고 다시 말해도 그런 보고는 받은 적 없다고 하는 경우도 있어요. 평소에는 디테일한 수치까지 기억하시는 거 보면, 분명 기억력은 좋으신 것 같은데 말이죠. 설마 일부러 기억 안 나는 척하시는 건 아니겠죠?

상사   평소 직원들한테 왜 이렇게 보고를 자주 까먹냐고 지적을 받는 탓에, 이 주제는 굉장히 친숙하네요. 결론부터 말하면, 정말 다양한 이유가 있어요. 그래서 대표적인 이유를 딱 하나만 꼽기가 어렵네요. 우선 개인의 의지와 관계없는 상황적 배경이 있어요. 바로 나이라는 배경이죠. 나이를 먹어가면서 기억력은 정말 빠른 속도로 줄어들더라고요. 회사 생활이 길어지면서 자연스럽게 회식도 잦아지고, 그에 따른 알코올성 건망증은 가뜩이나 늙어가는 뇌의 노화를 가속화하는 데도 한몫하는 것 같아요. 비단 회사에서의 보고를 잊어버리는 것뿐 아니라, 집에서 가족들이 한 얘기도 까먹으니까 말이죠.

직급도 주요 이유 중 하나예요. 실무자일 때는 딱 담당 사업만 기억하면 됐지만, 지금은 업무적 연관성이 없는 수많은 사건에 대한 보고를 받다 보니 잊어버리는 보고가 생길 수밖에 없어요. 사업이 좀 많고, 좀 다양해야 말이죠. 1인당 다섯 개의 업무 꼭지가 있는 열 명 규모 팀에서 팀장이 보고받는 업무는 최소 50개입니다.

업무에 대한 정확한 판단이 서지 않은 경우에도 보고 내용을 쉽게 잊어버립니다. 가령 예전에는 추진하는 게 타당했다고 생각했던 사업이, 새로운 정보를 알게 되면서 추진하지 않는 게 타당하다고 생각을 바꿀 수도 있죠. 이렇게 되면 사업의 타당성에 대해 받았던 보고를 잊어버리기도 합니다. 생각이 바뀌어서요.

비밀인데 가끔은 말이죠, 처음에는 정말 기억이 안 났지만, 직원의 보고를 받던 중에 기억이 나기도 해요. 하지만 직원들에게 잊어버려서 미안하다는 고백과 사과를 하기에는 타이밍이 애매해요. 이미 적기를 놓쳐버린 거죠. 자랑스러운 일은 아니지만 '우리 과장님이 창피하구나' 하며 살짝 눈 감아줄 만한 뻔뻔함으로 봐주면 안 될까요?

녹음이라도
하고 싶은 심정이에요

부하 간혹 그럴 수는 있다고 생각해요. 과장님보다 훨씬 좁은 범위의 일을 하는데도, 때때로 회의 때 제가 말한 내용을 기억하지 못하기도 하니까요. 그래서 과장님이 이전에 했던 말을 기억하지 못하고 조금 다른 방향을 말씀하는 경우에도, 뭐 조금만 바꿔도 된다면 묵묵히 따르기도 해요. 그런데 그런 일이 너무 잦다면 부하 입장에서 꽤나 곤혹스러워요. 어쩌면 지금까지 해왔던 일을 처음부터 다시 해야 할 수도 있는 상황에 놓여 있는 거잖아요. 가끔은 내가 보고했는지 여부가 오직 상사의 기억에 달린 것인가 하는 자조적인 생각이 들면서, 차라리 보고를 할 때마다 녹음을 해야 하나 싶어요.

상사 부드럽게 풀어내는 방법으로는 '보고'가 있어요. 수시로 상사에게 중간보고를 하는 거죠. 한 번이야 까먹을 수도 있고, 기억 안 난다고 잡아뗄 수도 있지만, 여러 번이면 그러기 힘들죠. 어지간한 뻔뻔함이 아니고서는 잡아뗴지 못해요. 보고서를 만들어두는 것도, 업무 수첩에 보고 내용을 기록해 두는 것도 좋은 방법이고요. 상사가 기억나지 않는다고 얘기할 때, 구체적인 보고서 문구나 당시 회의 상황을 말하면서 보고했음을 상기시키는 것도 의외로 효과가 좋습니다. 구체적으로 이야기를 들으면 상사 입장에서 보고를

안 받았다고만 얘기하기 어렵거든요. 구체적인 상황

설명은 기억 인출을 돕는다는 연구 결과가 있어요.

증거 자료도 방법이기는 해요. 유선 보고를 했다면

통화 녹음, 카톡 보고를 했다면 메신저 캡처, 구두 보

고를 했다면 녹음 파일까지 말이죠. 그런데 이건 오

히려 얄밉고 불쾌하게 느낄 수 있는 방법이니까, 그

다지 추천하고 싶지는 않네요. 혹시 이직을 생각하는

거라면 모를까.

summary ────────────────────────

1   정말로 기억이 안 나는 경우가 많다. 나이 때문에, 직급 때문에, 생
     각이 바뀌기 때문에

2   가끔은 중간에 생각이 나기도 하지만 잊어버렸다는 걸 고백하기
     부끄럽다.

3   보고는 고래도 기억하게 한다. 중간보고로 안 되면 보고서, 구체적
     상황 설명까지도.

LINK 1 보고를 해도 이해하지 못하는 상사 ···▶ p.18
LINK 2 쓸데없는 자료 작성을 강요하는 상사 ···▶ p.42

**SECRET
TIP**

효율적으로 중간보고 하는 법
진짜 비밀 팁 2

상사의 머릿속에는 떡지우개가 있다. 미술용 말랑지우개를 떠올려보자. 연필선 하나하나를 섬세하게 지우는 게 아니라 수북하게 그린 선을 한꺼번에 흔적도 없이 지워준다. 그럼에도 놀라운 사실이 있다. 이처럼 기억력 나쁜 상사도 자신이 질문하거나 지시한 사항은 잘 잊지 않는다. 궁금하니까. 칵테일파티 효과와 마찬가지다. 아무리 시끄러운 파티장이라도 자신의 이름은 귀밝이술이라도 마신 듯 잘 들린다. 우리 뇌는 듣고 싶은 대상에 집중하기 때문이다. 마찬가지다. 떡지우개 수준의 기억력이라도 뇌는 내가 알고 싶은 것은 선명하게 각인해 둔다. 장기저장고에 안전하게 보관하고 수시로 꺼내서 확인한다. 상사의 지시를 이행하고 있다는 것을 수시로 보고해야 하는 이유다. 물론 바쁜 상사의 시간을 계속 빼는 게 쉽지는 않다. 만약 예기치 못한 상

황에서 상사를 만나 잠깐 동안 보고가 가능하다면, 상황에 따라 다음 네 가지를 활용해 보자.

첫째, 긍정 톤을 사용하라. 상사는 스스럼없이 자신감 있게 다가오는 부하를 좋아한다. 대부분 부하는 상사에게 지나친 거리 두기를 하기에, 먼저 다가오는 부하에게 친밀감과 신뢰감을 느낀다. 억지로 표정과 태도를 관리하는 것이 어렵다면 목소리 어조와 발음만이라도 바꿔보자. 끝을 올리는 어조는 상사에게 불안감을 준다. 밝고 힘찬 목소리로 끝을 내려서 말해보자. 입 주변 근육을 충분히 움직여 정확한 발음을 하는 것도 잊지 말자. 문장 끝을 내리면서 확신과 자신감을 내비치고, 정확한 발음으로 보고하면 상사에게 신뢰감을 줄 수 있다.

둘째, 안심 문장으로 시작하라. 상사는 늘 골치가 아프다. 실무에서는 해결 안 되는 난이도 높은 문제만 가져오기 때문이다. 온갖 문제로 골머리를 앓는 상사는 부하가 보고할 게 있다고 하면 가슴이 철렁 내려앉는다. 모든 상황에는 음영이 있기 마련이다. 굳이 비보를 먼저 전해 마음을 우중충하게 만들어버리면 문제만 키우는 '일못러'로 낙인찍힌다. 여러 상황 중 일단 잘 진행되고 있는 긍정 메시지부터 보고해 보자. 첫 문장을 '안심 문장'으로 시작하면 부하가 믿음직스러워 보인다. 보고 말미에 도움을 요청하거나 어려움을 호소하더라도 안심 문장 덕에 마음이 평온해진 후라서 상사는 크게 동요하지 않게 된다.

셋째, 결론부터 말한다. 영화를 볼 때는 스포일러를 미리 보거나 읽지 않는다. 재미와 흥미가 반감되기 때문이다. 결말에 대한 정보가 없어야 기대감으로 두 시간을 집중할 수 있다. 일터는 반대다. 결론부터 미리 보여줘야 한다. 짧고 힘차게. 덧붙일 수 있는 구체적인 수치가 있다면 금상첨화다. 상사와 같은 엘리베이터를 탔다면 보고 시간이 1분도 채 되지 않는다. 변죽만 울리다 상사 뒷모습을 보고 싶지 않다면 결론부터 압축적으로 말하는 연습을 하자.

넷째, 육하원칙은 언제나 옳다. 상사의 지시와 관련된 이행 상황을 보고하는 경우라면 지시가 내려진 상황을 먼저 밝히자. 언제 어디서 무엇을 지시했는지를 먼저 명확하게 언급해야 상사가 보고 내용에 100% 집중하게 된다. 상사는 여러 지시를 하지만, 이 지시를 누구에게 했는지는 곧잘 잊어버린다. 부하 얼굴을 보고 어떤 이슈를 보고하는지 읽어낼 수 있는 독심술을 지닌 상사는 많지 않다. 급한 마음에 거두절미하고 최근 추진 내용만 보고하면 상사는 이게 어떤 사안과 관련된 것인지 찾아내느라 머리가 복잡해진다. 겨우 내용을 파악할 즈음엔 짧은 구두 보고가 끝나버리기도 한다. 상사는 두 배로 당혹스럽다. 중요한 내용을 놓쳐서 속상하고, 상황에 대한 사전 설명을 생략해 내용을 파악할 시간도 주지 않은 부하가 답답하다. 지시 사항에 대한 맥락을 미리 밝히고 상사가 배경을 확실히 이해했다면 이제 육하원칙에 충실하게 보고할 차례.

03

말로만 하지 말고,

자료 보고 얘기하지

상사는 왜 쓸데없는 보고서를 만들라는 걸까

A사무관: 저녁도 안 먹고 일해? 할 거 많아?

B사무관: 너무 많아.

A사무관: (B사무관의 보고서를 보면서) 이건 너무 당연한 거 아냐? 이런 것도 검토 보고해야 해?

B사무관: 몰라. 회의를 할지 말지 검토하라고 하셨어. 이렇게 모든 돌을 두드리 다가 다리는 건너지도 못하겠어.

안 써도 되는
보고서를 왜 굳이

부하   가끔 너무하다 싶은 지시를 받을 때가 있어요. 왜 일 을 이렇게 할까. 왜 이런 소모적인 데 힘을 써야 할 까. 대체 이게 무슨 의미가 있나 싶을 때가 있어요. 제일 자주 느낄 때가 바로 쓸데없는 보고서를 만들 라는 지시예요. 비유를 하면, 마치 그런 거죠. 주말에 친구들끼리 저녁을 먹을 때, 메뉴를 정하잖아요? 그

때 누군가가 삼겹살에 소주를 얘기한 거예요. 그랬더니 그 말을 들은 다른 친구가 소주는 부담스러우니 맥주를 먹자고 했고, 또 다른 친구는 맥주엔 역시 치맥 아니냐며 대답을 했죠. 이렇게 자연스럽게 말 몇 마디면 평화롭게 저녁 메뉴 선정이 끝나잖아요.

그런데 회사에서는 이걸 다 보고서로 작성하라는 식이에요. 1안은 뭐고, 2안은 뭐고, 각자의 장단점과 예상되는 부작용, 기대 효과는 무엇이고. 5분만 말하면 끝날 일인데 몇 시간씩 보고서를 만들다 보면 이렇게 비효율적인 일을 하려고 입사했나 싶어 자괴감까지 들어요. 게다가 이런 보고서는 높은 선까지 올라가도 않죠. 끽해야 보고 라인 한두 단계면 끝나요.

상사 말이 글보다 효율적일 때가 있다는 점에는 공감해요. 그런데 회사에서는 대부분 글이 훨씬 효율적이에요. 보고라는 것은 단지 과장과 과원 사이에서 그치는 것이 아니라, 그 위에도, 그 위의 위에도 계속 반복되는 일이잖아요. 관료제(bureaucracy)의 특성이랄까 동일한 안건을 보고서로 보고하면 1분도 안 걸릴 일인데, 구두로 보고하면 시간을 잡아먹게 되잖아요. 더군다나 윗선은 수많은 보고를 받느라 시간이 부족하기 때문에 실무자의 시간을 들여 상급자의 시간을 아낄 필요가 있어요. 이건 조직 입장에서는 실용적이고 합리적인 일이에요.

직장인은 말이 아닌 글로 말한다

상사 '직장인은 말로 말하는 것이 아니라 글로 말하는 것'이라는 유명한 말이 있죠. 물론 구두 보고 능력도 중요하지만 실제로 직장 생활을 하다 보면, 본인의 잘못이든 그렇지 않든 불미스러운 일로 조사나 감사를 받게 되는 일도 생길 수 있어요. 그럴 때마다 스스로에게 방패가 되어주는 것이 바로 그동안 생산해 놓았던 보고서입니다.

실제로 평소 착실히 기록을 해놓은 덕분에 위기를 무사히 넘겼던 경험이 있어요. 공무원들에게 야근을 강제하는 대명사, 국정감사 시즌이었죠. 개정 법조문에 대한 해석과 관련해 어떤 의원실과 이견이 좁혀지지 않아 난처한 상황이었어요. 보통의 설득으로는 도저히 해결의 기미가 보이지 않았죠. 그때 빛을 발했던 게 기록이었습니다. 우리에게는 그동안 입법 활동과 관련한 모든 과정을 세세하게 기록한 자료가 있었고, 결국 이를 정리한 보고서 하나로 상황을 종식시킬 수 있었죠. 만약 업무 진행의 효율성을 위한답시고 행정처리 기록을 과감히 생략했더라면, 당시 곤란한 상황이 오래 지속되었을 거라고 생각해요.

보고서 업무가
너무 과중한걸요

부하 듣고 보니 그동안의 잇따른 보고서 작성 지시가 조금
은 이해되기도 하네요. 그래도 실무자 입장에서는 보
고서 작성 업무가 부담스러운 건 사실이에요. 다른
사람보다 유독 저한테 보고서 작성 지시가 많은 것
같기도 하고요.

상사 개인적으로 특히 보고서 작성을 많이 시키는 사람들
이 있는 건 사실이에요. 크게 두 가지, 전혀 다른 이
유가 있어요. 하나는 그 사람의 구두 보고가 귀에 너
무 들어오지 않는 경우예요. 많은 사람에게 보고를
듣다 보면, 유독 이해가 잘되는 보고가 있는 반면, 도
통 이해가 되지 않는 보고가 있거든요. 그런 경우에
는 그냥 보고서를 써서 보여달라고 하죠.
또 하나는 그 사람의 보고서 작성 능력이 아주 뛰어

난 경우예요. 어떤 안건에 대해 중요한 보고서를 작
성해야 한다면, 아무래도 보고서를 잘 쓰는 사람을
찾게 되는 게 당연한 심리죠.

그렇지만 보고서 업무가 너무 과중해서 실제로 처리
해야 하는 업무에 지장을 받는 상황이라면, 그건 분
명히 문제가 있네요. 그런 경우라면 솔직하게 상사에
게 말하는 게 제일 좋은 방법이라고 생각해요. 실무
자 입장에서 중요하다고 생각되는 보고서와 그렇지
않다고 생각되는 보고서가 있을 텐데, 별로 중요하지
않은 것 같은 보고서 때문에 업무 부담이 된다는 얘
기를 직속 상사에게 털어놓으면, 아마 열에 아홉은
방법을 제시해 줄 거예요. 업무의 경중을 따져서 순
서를 조정해 준다든가, 아예 보고서 작성 지시를 철
회할 수도 있고 말이죠. 아, 물론 열에 하나의 경우라
면….

summary

1   회사에서는 말보다 글이 효율적이다. 특히 윗선의 보고 시간을 줄여주는 데 효과적이다.

2   직장인은 말이 아닌 글로 말한다. 모든 글은 업무의 증거로 남는다.

3   차라리 솔직히 말하자. 과중한 업무를 조정해 주는 것도 엄연히 상사의 몫이다.

LINK 1 보고를 받은 적이 없다고 우기는 상사 ⋯⋯➤ **p.31**
LINK 2 상사 눈길 사로잡는 보고서 작성법 ⋯⋯➤ **p.85**

04

진짜 이대로 하면

되는 거 맞아?

: 상사는 왜 부하를 믿지 못하는 걸까

CONVERSATION

A사무관: 지난번에 업무 분장해서 내 고유 업무가 된 게 있거든? 근데 과장님이 자꾸 관련 회의 같은 게 있으면 선배 사무관한테 같이 따라가라고 해. 나도 잘할 수 있는데 기회를 안 줘. 휴, 자괴감 든다.

B사무관: 그래도 선배가 챙겨주면 좋은 거 아니야? 배울 수 있는 기회잖아.

A사무관: 그렇긴 하지만, 중요한 업무는 결국 선배가 다 처리한단 말이야. 난 아무것도 안 해. 난 꿔다놓은 보릿자루 같아. 난 왜 있는 걸까.

저 벌써
찍혀버린 걸까요?

부하 처음에는 그렇지 않았어요. 어지간한 일은 제 판단을 믿어주셨고, 업무 범위 안에서 꽤 많은 재량권이 있었어요. 그런데 언젠가부터 분위기가 달라지더라고요. 제 업무는 상사가 괜히 직접 한 번씩 더 챙겨요. 이걸 당사자가 느낄 정도면 이미 불신이 꽤 오래 지속되었을 가능성이 높겠죠? 심지어 다른 팀원한테 저를 잘 챙기라고 부탁하는 걸 들어버리기까지 했어요. 이건 제 업무인데, 다른 사람이 신경 쓰며 챙기는 걸 보면 자존심이 상하기도 해요. 한편으로는 그 정도로 내 능력이 부족한가 싶어서 스스로를 탓하게 되고요. 그러다 보면 결국 일도 하기 싫어서 열심히 하지 않고, 또 실수가 생기고. 악순환이에요.

상사 안타깝지만 한번 찍힌 낙인을 지우는 건 생각보다 훨씬 어려운 일이에요. 사람에게는 생각의 관성이 있어서 사람에 대한 판단은 쉽게 바꾸지 않거든요. 바로 낙인효과(stigma effect)죠. 상사가 가지고 있는 부하에 대한 이미지 역시 마찬가지고요. 상사 입장에서 보면 다른 팀원에게 부탁을 한 게 충분히 이해가 되는 상황이에요. 악순환이든 뭐든 실수가 계속 발생하는 상황에서, 안 그래도 처리할 일이 많은 상사가 실무까지 챙기기는 어려우니, 다른 팀원에게라도 보조 역할을 맡겨야 하지 않았을까요?

어떻게 하면
신뢰를 얻을 수 있을까요?

부하　신뢰를 잃으니 업무 처리가 너무 버겁고 힘들어요. 보고를 올려도 한번에 통과되는 법이 없고, 그러다 보니 보고서를 쓸 때도 온 신경을 다 써야 하고요. 상사가 저를 믿어주지 않는 것만으로 이렇게 스트레스가 심할 거라고는 전혀 생각하지 못했어요.

상사　상황을 바꾸고 싶다는 의지가 있다면, 중요한 터닝 포인트(turning point)를 스스로 만드는 수밖에 없어요. 이미 편견 아닌 편견이 생겨버린 상태이기 때문에, 그것을 깰 강력한 이벤트가 필요한 거죠. 상사가 가지고 있는 이미지가 단단하면 단단할수록, 그 이벤트 역시 강력할 필요가 있어요. 제일 효과적인 건, 역시 결국 성과예요. 상사가 지시한 업무에서 기대 이상의 성과를 내 객관적으로 본인을 증명하는 거죠.

부하 기대 이상의 산출물을 가져가기에는 업무 숙련도도 부족하고 속도도 능력도 아직 부족한걸요. 오히려 퀄리티에 신경을 쓰다가는 너무 느리다고 또 혼나지 않을까 걱정이에요. 가령 야근을 해도 '야근까지 했는데 이거밖에 못 하나' 하고 생각하실까 봐 무서워요.

노력은
노력하면 되니까

상사 확실히 업무 숙련도가 높지 않은 상황에서는 성과를 내기 힘들 수 있어요. 그럴 때, 가장 확실한 방법은 바로 노력이에요. 성과와 달리 노력은 노력하는 것만으로 이루어지거든요.

비유를 하나 들어볼게요. 한 학생에게 영어를 가르치는 과외 선생님이 있다고 합시다. 그런데 이 과외 선생님은 조금 독특한 방법으로 수업비를 받습니다. 바로 자신이 가르치는 학생의 영어 성적과 수업비를 연동시켜 놓은 거예요. 영어 점수가 높아질수록 수업비도 따라 높아지도록 말이죠.

과외 선생님이 학생을 보니, 이 학생은 영어 점수가 계속 낮았어요. 그래서 선생님은 이 학생이 영어를 못한다고 생각합니다. 경험적·통계적으로 타당한 추론이죠. 이때 학생이 선생님의 마음을 얻는 법은 딱 둘입니다. 하나, 영어 점수를 높이거나, 둘, 영어 공부를 열심히 하는 겁니다.

그러니까, 생각해 보세요. 당장 영어 과목에서 고득점을 받지 못한다면 열심히 하는 방법밖에 없지 않을까요. 열심히 하는 학생을 보면 선생님도 마음이 갈 거고, 게다가 실제로 영어 점수도 오르겠죠. 점수가 오르면 과외 선생님의 수업비도 오를 테니, 학생도 선생님을 대하기가 더 떳떳해질 거고요.

꼭 맞는 비유가 아니었다손 치더라도, 상사와 부하의 관계 역시 이와 유사합니다. 열심히 하지도 않고, 능력도 없는 부하가 자꾸 실수만 한다면 상사 입장에서 달가워 보이지만은 않겠죠. 하지만 부하가 열심히 하는 모습을 보이면, 그 자체로 상사는 마음이 갈 겁니다. 인간은 자신보다 능력이 뛰어나지 못한 사람에게는 측은지심과 우호적인 태도를 가지는 성향이 있어요. 실수가 있더라도 무작정 다그치는 것이 아니라, 도와주고 싶고 더 신경을 쓸 수 있을 겁니다. 성실하게 일하는 모습만으로 상사는 고마움을 느낍니다. 그리고 일반적인 경우라면, 언젠가 그 고마움을 두 배, 세 배로 부하에게 돌려줄 겁니다.

summary

1   안타깝게도 한 번 찍힌 낙인은 지우기 어렵다. 다시 신뢰를 얻으려면 강력한 이벤트가 필요하다.

2   낙인을 지우기 위해서는 기대 이상의 성과를 내야 한다. 고정관념에는 역시 반례.

3   성과 내기가 어렵다면, 성실하게 노력하는 모습을 보여주자. 그것만으로도 상사에게 호감을 준다.

LINK 1 내가 하는 일을 몰라주는 상사 ⋯→ p.58

LINK 2 상사가 내 말을 믿지 않는 속마음 ⋯→ p.50

05

요새 하는 일도

뻘로 없잖아?

상사는 왜 내가 하는 일을 알아주지 않을까

A사무관: 어차피 고생할 거면 이름 있는 업무를 하는 게 좋은 것 같아.

B사무관: 고생은 고생대로 하고 알아주지도 않는 일처럼 서러운 것도 없지.

A사무관: 그런데 국장님까지는 몰라도 과장님은 알아주셔야 하는 거 아니야?

B사무관: 과장님도 모르셔?

A사무관: 아무것도 모르시는 것 같아. 아까 과 회의하는데, 요즘 C사무관 일이 너무 많아서 혼자 할 수 없으니 나보고 도와주래. 나보고는 고생 많다는 말 한마디도 없고, 내 의견은 묻지도 않고. 나는 일이 없다고 생각하시는 건가?

보이지 않는 잔일이
얼마나 많은데

부하 저 역시 제가 담당하고 있는 업무가 우리 과에서 제일 중요한 업무라고 생각하지는 않아요. 그리고 저보다 야근을 많이 하는 분들이 부지기수라는 것도 잘 알아요. 그렇지만 저도 놀기만 하는 건 아니거든요? 아직 능력이 부족해서 눈에 확 띌 만한 업무를 하는 것도 아니고, 현안에 치여 퇴근도 없이 일하는 분들에 비해서는 업무량이 적기는 하지만, 나름대로 주어진 업무를 열심히 하고 있어요. 게다가 실무를 해본 사람은 알겠지만, 겉으로 봐서는 너무도 간단한 일도 막상 하다 보면 잔일이 되게 많거든요.

그런데 그런 사정은 잘 알지도 못하면서 월급만 축내는 사람으로 비치는 게 너무 속상해요. 중요한 일은 상사에게 자주 각인되거나 중간보고가 올라가게 되죠. 반면 중요하지 않은 일은 상사에게 노출 빈도가 떨어져요. 즉, 노출 빈도에 따라 일의 바쁨을 판단하게 되는 노출 효과 오류의 일종이라고 생각해요. 저는 수면 밖의 오리는 못 될지언정, 수면 밑에서 부지런히 움직이는 오리발이라고요.

상사　관리자에게 주어진 많은 업무 중 하나가 바로 조직 내 업무 분장입니다. 조직의 목표를 효과적으로 달성하면서도 구성원 간 업무가 효율적으로 잘 나뉠 수 있도록 신경을 써야 합니다. 그래서 상사는 직원들이 어떤 업무를 하고 있는지 관심을 가질 수밖에 없어요. 다만 아쉬운 점은 상사는 전지적 작가가 아니라는 사실이죠.

소설 속에 등장하는 모든 인물의 행동, 생각, 심리를 완벽하게 아는 시점을 전지적 작가 시점이라고 일컫잖아요? 안타깝지만 상사가 직원들의 모든 업무와 업무에 따른 부하(負荷, load)를 완벽하게 알 수는 없습니다. 물론 대부분의 상사는 부하(部下, junior)였던 때가 있었기 때문에 실무를 해본 경험은 있죠. 그러나 모든 업무를 해본 것은 아닌 데다가, 상사가 실무를 하던 시절과 다르기 때문에 현재의 실무는 모르는 경우가 많죠. 그러니까 상대적으로 더 드러나는 업무를 하는 직원이 더 많은 일을 하는 것처럼 보이게 됩니다.

업무가 바쁘다고
생색낼 수도 없잖아요

부하 말씀을 이해하지 못하는 건 아니에요. 그렇다고 "이거 했어요" "저거 했어요" 하면서 과장님께 먼저 쪼르르 달려가서 말하는 것도 웃기잖아요. 그렇게까지 생색을 내야 하나 싶기도 하고, 동료에게도 민망스럽고요. 가뜩이나 과장님도, 다른 직원들도 바쁘다는 걸 뻔히 아는데, 중요하지 않은 일로 바쁘다고 이야기하는 게 민망하기까지 해요. 또 힘들다고 말했다가 일 못 하는 사람으로 낙인찍힐까 봐 두렵기도 하고, 중요하지도 않은 일인데 센스 없이 붙잡고 야근하는 것처럼 보일까 봐 무섭기도 하고요. 심지어 야근을 몰래 한 적도 있다니까요.

상사 이게 참 어려운 일이기는 해요. 그래도 분명한 건, 상사는 부하가 말을 하지 않으면 모른다는 사실이에요.

세심한 상사라거나 본인이 직접 해본 업무라면 모를까, 그렇지 않은 경우가 대부분이에요. 마음을 다르게 먹었으면 좋겠어요. 일을 하고 티를 낸다고 해서 우습게 볼 사람도, 뭐라고 할 사람도 없어요. 야근을 했으면 했다고, 회의를 다녀왔으면 무슨 목적으로 무슨 회의를 다녀왔다고, 자질구레한 행정 업무가 많으면 많다고 말을 했으면 좋겠어요. 관리자 입장에서는 직원들의 업무 상황이 어떤지 알고 싶고, 또 알아야만 하니까요.

과하지 않게,
부족하지도 않게

상사 자신의 일을 묵묵히 하는 직원들을 보면 정말 고마워요. 저도 사람인데, 당연히 열심히 하는 사람에게 더 마음이 가죠. 그렇지만 관리자는 업무의 범위가 넓기 때문에 직원 한 명 한 명을 유심히 관찰할 시간이 없어요. 그러니까 결국 자랑도 불평도 본인이 직접 해야 해요.

부하 가끔은 그런 경우도 있어요. 다른 부서원들도 업무가 힘든데, 마치 자신이 제일 힘든 것처럼 큰 불평을 하는 경우요. 내가 다녀온 부대가 제일 힘들었다며 군대 부심을 부리는 것도 아니고 말이죠. 그렇게 불만을 대놓고 얘기하면 팀의 사기에 악영향을 끼치지 않나요?

상사 맞아요. 실제로 그런 경우 정말 난감하기는 하죠. 그런데 거꾸로 생각해 보면, 상사로서는 힘들다고 명확히 말하는 사람을 내버려 두기는 어렵거든요. 그러다 보니 결국 참고 일하는 다른 부서원에게 업무가 넘어가버리기도 하죠. 관리자는 업무 과중을 토로한 부서원을 챙겨줘야 하기도 하고, 불평하지 않으면 업무 부하가 어느 정도인지 모르니까요. 그러니까 너무 예민하게 불만을 이야기하는 것은 자제하면서도 본인 업무는 상사에게 어필해 주는 게 좋다는 말이죠.

summary ────────────────

1   상사는 직원들의 업무에 관심이 많다. 업무 분장도 사기 관리도 모두 관리자인 상사의 업무니까.

2   말은 해야 안다. 관리자가 해보지 않은 실무는 얼마나 어려운지 알 수가 없다.

3   부족하지 않게 어필하자. 자칫하다간 불만러의 업무까지 떠맡을 수도!

────────────────

LINK 1 나를 믿지 못하는 상사 ⋯ **p.50**
LINK 2 야근 압박을 주는 상사 ⋯ **p.104**

이왕이면 빛나게 일하는 법
진짜 비밀 팁 3

업무량이 너무 많아 누구나 기피하는 일이거나 갑자기 문제가 발생해 밀려드는 현안을 처리해야 하는 경우가 아니라면 공직에서 담당하는 일의 양과 난이도는 그렇게 큰 차이가 없다. 그럼에도 똑같이 고생하는데 누구는 박수갈채와 인사를 받고 누구는 무슨 일을 하는지조차 알려지지 않곤 한다. 어차피 해야 하는 일, 일하면서 나도 함께 빛날 수는 없을까?

첫째, 조직과 간부의 관심사에 주목하라. 나의 고군분투를 아무도 알아주지 않는 것은 조직과 간부가 내 일을 중요하다고 여기지 않기 때문이다. 이럴 때는 내 일의 중차대함을 홀로 어필하는 것보다 내 일을 조직이 나아가는 방향으로 궤도 선회를 하는 게 낫다. 매년 중앙부처를 비롯한

공공기관은 연두업무보고를 준비한다. 이 안에는 조직이 지향하는 비전 아래 몇 가지 가치가 선정된다. 담당 업무의 결을 조직 미래 향방에 맞춰 설계해 두면 무의미한 삽질도 덜할 수 있다.

기회가 된다면 최고위 간부가 관심을 가지는 업무를 담당하는 것도 추천한다. 장차관의 관심사라면 상사도 각별히 챙기게 마련이다. 다른 업무가 갑자기 끼어들지 않도록 상사가 적절한 수준에서 방어벽도 칠 것이다. 과부하가 초래될 기미라도 보이면 여력 있는 부서원이 도와줄 수 있도록 업무 분장도 조정해 준다. 이렇듯 든든한 안전지대 속에서 곁가지 일에 주의를 분산시키지 않고 중요한 일에만 전념하면 성과를 내는 것도 한결 수월해진다.

둘째, 일 잘한다는 이미지를 센스 있게 어필해라. 공직은 대표적인 위계 조직이다. 일이 대동소이하기에 "바쁘다"라는 말을 해서 나의 존재감을 부각시켜야 한다. 다들 비슷한 일을 하는 탓에 바쁘다는 단어 외에는 헌신과 역량을 가늠할 수 있는 뾰족한 척도가 없다. 근면 성실이라는 산업 시대 업무 윤리관이 아직도 미덕으로 통용되는 게 속상하지만. 그럼에도 지금 당장 바꿀 수 없는 문화라면 홀로 다른 길을 걷기보다 동참하는 게 때로는 현명하다. 안타까운 일이지만, 여유로워 보이면 일을 효율적으로 잘 처리한다는 느낌보다는 자칫 근무 태만이라는 편견을 줄 수 있다.

문제는 모두 바쁘게 일하기에 활력 있고 분주하게 일하는 것만으로 일 잘한다는 이미지를 남기기가 쉽지 않다는 것이다. 이럴 때는 적어두자. 직장은 적는 자가 살아남는 '적자생존'의 장소다. 내가 하는 일을 세밀하게 기록하고 기회가 될 때 자연스럽게 어필하자. 바쁘게 일하다 보면 정작 중요한 성과와 업무 추진 노력은 차분히 남기지 못하는 경우가 많다. 하지만 적지 않고 기억으로 어필할 수 있는 건 얼마 안 된다. 단, 실력도 갖춘 후에 어필하자. 진정한 실력자가 되어야만 일 잘한다는 평판을 얻고 동료의 시샘에서도 자유로울 수 있다.

셋째, 상사가 잘되게 도와라. 상사가 빛나야 나도 함께 빛난다. 상사가 기관장에게 신임과 총애를 받으면 내 입지도 그만큼 넓어진다. 상사를 도와주려면 티 팍팍 나게 돕자. 희소식 보고를 자주 할 수 있도록 기관장의 관심사를 잘 처리하면 가장 좋다. 이해관계가 첨예하게 대립하는 현안이 많아 긍정 보고 건수가 많지 않다면 직속 상사의 강점을 널리 알리자.

누구나 강점이 있다. 직속 상사도 마찬가지다. 단점처럼 보이는 것도 보는 각도를 달리하면 얼마든지 장점으로 변신한다. 결정을 잘하지 못한다면 신중하고 꼼꼼한 것이 장점이다. 계획성이 떨어진다면 융통성이 있고 상황에 따라 유연하게 대처하는 힘은 탁월할 수 있다. 긍정 시선을 장착하면 상사도, 나도 꽃길을 걸을 수 있다.

06

그래, 그래,

그렇게 하지

:: 상사는 왜 모든 걸 부하에게 떠넘길까

A사무관: 나 너무 고민이 많아. 내가 지난번에 엄청 고민된다는 그 건 있잖아, 오늘 과장님한테 보고했거든? 그런데 내 보고서를 그냥 쭉 읽더니, 그대로 하라고 하는 거야.

B사무관: 너 잘 썼다고 자랑하는 거야?

A사무관: 아니, 전혀. 난 너무 걱정된단 말이야. 과연 내가 쓴 보고서를 열심히 읽으시고 그대로 하라고 말씀하신 걸까? 제대로 안 읽으신 것 같아. 만약 나중에 잘못되면 완전 내 탓 아니야?

B사무관: 에이, 나중에 문제가 생기면 그건 과장님 책임이지.

A사무관: 나도 그 책임에서 완전히 자유로울 수는 없잖아. 이 건 잘 해결됐으면 좋겠어서 열심히 검토한 건데, 과장님은 별로 심각하게 생각하지도 않으시는 것 같고, 혼자 일하는 느낌이야.

저는 고쳐 쓰기도 힘든 직원인가요?

부하 어떤 업무든 능숙하게 처리해 내는 선배님을 보면 저런 업무 능력을 어떻게 가지게 되었을까 궁금하기도 하고 놀랍기도 해요. 저는 회사에 들어온 지도 얼마

되지 않은 뉴비(어떤 조직에 새로 들어와 경험이 부족한 사람들을 일컫는 말. 새내기와 유사한 개념이나 경험 부족 등에 더 초점이 맞춰진 용어)이기 때문에 제가 하는 일이 상사 눈에 턱없이 부족해 보일 거라는 걸 잘 알고 있어요.

그런데 막상 지시한 보고서를 보고할 때나, 업무에 관련된 견해를 말할 때는 별로 귀담아듣지도 않으시더니, 특별한 피드백 없이 알겠다고, 네 말대로 하자고만 하면 힘이 쭉 빠지고 앞으로의 업무가 너무 걱정돼요. 업무에 대한 결정과 그에 따른 책임까지 저한테 얹어진 느낌이에요. 저는 제가 진행한 것에 대해 피드백을 받고, 더 성장하고 싶은데 말이죠. 애초에 아예 틀려먹어서 고쳐 쓸 수도 없는 직원인 건가 하는 생각이 들기까지 해요.

상사 냉정하게 얘기해서, 업무 능력이 현저히 떨어지는 직원에게는 정성스럽게 피드백을 하지 않는 건 맞아요. 그런데 사람마다 능력이 다르고 자신의 강점을 발휘할 수 있는 업무 영역이 다르잖아요. 그러니까 직원이 문제라기보다 직원과 업무가 매칭이 잘 안 된 걸 수도 있죠. 그래서 저 같은 경우는 상세하게 피드백을 주기보다는 일을 통째로 바꿔주는 편이에요. 관리자마다 대처 방법은 다르겠지만요.

사실 잦은 업무 분장 리셋은 실무자에게 스트레스죠. 그런데 업무가 통으로 바뀌지 않고, 상사에게 보고한 그대로 업무를 추진하라고 한 경우라면, 그건 오히려 상사에게 신뢰받고 있는 부하라는 증거일 수 있어요. 유능한 직원이라는 판단을 내리면 그냥 믿고 전적으로 맡기게 돼요. 기를 최대한 살려주기 위해 대세에 지장이 없는 선에서 자율성을 주기도 하고요. 아마 상사가 봐도 괜찮은 보고서를 올린 경우일 거예요.

업무 태만도 직무 유기도 아닌
믿음과 존중

부하   정말로 제가 쓴 보고서가 괜찮아서 그대로 통과되는 경우라면 상사의 반응이 너무 기분 좋을 겁니다. 그런데 제가 봤을 때는 별로 보고서를 보지도 않으시고 그대로 진행하라고만 하는 느낌이어서 은근히 스트레스를 받아요.

상사   관리자와 실무자는 조직에서 역할이 다르죠. 관리자는 조금 더 넓은 시야를 갖고 다양한 업무를 총괄하는 역할을 하지만, 실무자는 본인이 담당하는 업무에 대해 보다 전문적이고 상세한 정보를 갖고 업무를 처리합니다. 따라서 담당 사업에 대한 세부적인 보고는 상사가 이해하지 못할 수도 있어요. 그럼에도 불구하고, 상사는 실무자를 믿고 그 판단을 존중하는 거죠. 물론 상사는 관리자로서 업무에 대한 책임을 지게 되지만

요. 당연히 실무자보다 세부 정보는 부족하더라도, 보고를 이해하려는 노력을 기울여야 해요. 만약 그렇지 않으면, 일종의 업무 태만(본인이 담당하여 마땅히 해야 할 일을 게을리 하는 것)이자 직무 유기(본인이 담당하여 마땅히 해야 할 일을 하지 않는 것)일 수도 있죠.

그러나 광범위한 업무 범위를 다루는 상사는 관리자로서 모든 업무에 대해 적확한 판단을 내리기 어려운 경우가 많습니다. 그래서 저는 가급적 실무자들의 의견을 존중하려고 해요. 그들의 전문성을 믿는 거죠. 상사는 넓지만 부하는 깊으니까요.

상사의 피드백을 원한다면

부하　사람마다 호불호가 나뉠 것 같기는 한데, 저는 오히려 꼼꼼하게 확인해 주는 상사가 더 좋아요. 아무래도 스스로 업무 숙련도가 그렇게 높지 않다고 생각하고 있기도 하고, 만약 업무가 잘못되었을 때 그 후폭풍을 혼자 감당해야 한다면 그 무게(업무가 잘못 진행되는 경우 언론 보도, 감사, 민원 대응, 후속 조치 등 일이 연쇄적으로 휘몰아친다면)가 너무 버거울 거예요. 차라리 제 보고서가 혹평을 받고, 제 의견을 원점에서 재검토하라는 지시를 할지언정 상세하게 살펴봐주시는 게 더 낫습니다. 업무 경험이 많은 상사가 해주는 피드백은 제 능력을 올리는 데 도움이 될 테고요.

상사 이 부분에 있어서는 상사에 대한 역할 기대(사회적으로 가지고 있는 역할에 대해 제3자가 기대하는 바)가 매우 뚜렷한 편이네요.

맞아요. 분명 사람마다 원하는 상사의 모습이 상이할 거예요. 그런데 어떤 팀원이 어떤 모습의 상사를 원하는지 상사 입장에서는 알 수가 없는 노릇이죠. 하다못해 팀원들끼리는 복도에서 수다를 떨고, 상사 욕이라도 하지만, 그런 얘기를 상사 앞에서 하지는 않으니까요.

그러니까 업무를 자율적으로 맡겨주는 것보다 세세하게 피드백해 주고 챙기기를 원한다면, 그 의견을 상사에게 직접 어필해 보세요. 다른 것도 아니고, 직원이 본인 업무를 잘하고 싶다는데, 게다가 업무 능력을 키우는데 필요한 쓴소리를 해달라는데, 이걸 안좋게 볼 상사는 없을 거예요.

summary

1   자율성을 준다는 것은 부하를 믿는다는 것. 믿지를 못하면 진작 업무에서 빼버렸을지도.

2   전문성에서 상사는 부하를 따라갈 수 없다. 상사는 넓고 부하는 깊다.

3   쓴소리를 원한다면 상사에게 대놓고 청하자. 일을 배우고자 하는 부하를 싫어하는 상사는 없다.

LINK 1 명확한 지시를 못 내리는 상사 … p.90
LINK 2 일한 만큼은 인정받기 위한 전략 … p.257

07

글자 크기는

15포인트랬잖아

: 상사는 왜 그렇게 지나치게 간섭할까

CONVERSATION

A사무관: 내가 오늘 급하게 한다고 자간 조정도 제대로 못 하고 보고서를 가져 갔더니, 과장님이 다시 해오라고 하셨어.

B사무관: 에이, 내가 봐도 너무 대충한 거 같은데. 성의가 없잖아.

A사무관: 그래서 다시 고쳐서 가져갈 때는 나름 신경 써서 가져갔는데, 내가 두 번이나 확인할 땐 안 보이던 오타가 과장님이 보실 때는 있는 거야. 과장님이 오타 보시더니, 내용은 안 보고 다시 해오라고 혼내셨어.

B사무관: 찍힌 거 아닐까?

왜 사소한 것까지
트집을 잡는 거죠?

부하 과장님의 지시로 보고서를 써서 드렸어요. 과장님 눈에는 제 보고서의 모든 부분이 형편없어 보였을 수는 있죠. 그런데 진짜 중요한 건 보고서 내용 아닌가요? 그게 보고서의 핵심이잖아요. 심지어 보고서 내용에 대한 피드백은 오로지 과장님만 주실 수 있잖아요.

그렇다면 과장님은 주제나 방향 같은 보고서의 내용에 집중하고, 사소한 형식은 굳이 지적하지 않아도 되잖아요. 그런 건 누구나 알고 있고, 누구나 고칠 수 있는 건데 말이죠. 본문은 휴먼명조체가 어쩌니, 글자 크기는 15pt가 어쩌니 하며 사소한 부분까지 지적하니까 너무 힘드네요.

상사 어떤 시각에서 보는지에 따라 사소해 보일 수 있지만 조직 입장에서는 사소한 실수가 아닐 수도 있잖아요. "밑반찬만 먹어봐도 그 가게 솜씨를 안다"는 말이 있죠. 비록 작은 부분에서의 실수라도, 그게 보고서의 퀄리티와 신뢰도를 확 깎아버릴 수도 있지 않을까요? 작은 차이가 명품을 만든다는 말이 괜히 있는 건 아니죠. 직원의 실수를 바로잡는 것 역시 관리자의 역할이기 때문에 너무 마음 쓰지 않았으면 좋겠어요.

더 부드럽게
말할 수도 있잖아요!

부하   작은 실수라면 가볍고 친절하게 말할 수도 있을 것
        같은데, 잘못에 비해 너무 크게 혼나는 기분이 들어
        요. 어느 순간 보고서 내용이 아닌 형식만을 트집 잡
        는 느낌까지 드니까요. 자신감만 떨어지고 업무 효율
        성도 낮아지는 것 같아요.

상사   만약 부하 직원을 일대일로 케어해 줄 수 있는 전문
        멘토가 있다면 모르겠지만, 현실은 과장이 본인의 업
        무를 수행하면서 직원을 챙겨야 하는 환경이잖아요?
        이런 상황에서 가뜩이나 업무에 치이고 있는 상사가
        일일이 시간을 내서 직원을 챙기기는 정말 어렵죠. 그
        와중에 사소한 실수가 계속 눈에 띄면 상사 역시 스트
        레스를 받아요. 이런 작은 실수는 본인도 확인할 수
        있었을 텐데, 왜 한 번 더 체크하지 않았을까 싶고요.

사소한 실수가 눈에 들어오니 정작 중요한 게 눈에 안 들어오죠. 심지어 이미 몇 번 지적한 내용이라면, 직원이 자신의 말을 귀담아듣지 않는다는 생각이 들어요. 그래서 더 감정적으로 말하게 되는 것 같네요.

조언은
이렇게 해주세요

부하 모든 부분에서 아직 부족한 건 맞지만, 이건 누구나 다 겪는 일이잖아요. 지금은 업무의 달인으로 평가받는 상사도 처음에는 시행착오를 거치며 좌충우돌 일했을 거잖아요. 그런 걸 생각하며 저희를 더 어여삐 여겼으면 좋겠어요.

상사 그동안 겪어왔던 시행착오 때문에 오히려 더 간섭하게 되는 것 같아요. 이미 겪어온 사람 눈에는 더 나은 길이 보이니까요. 퇴근하기 전에 책상을 치우라든지, 회사 근처에서는 무단횡단도 조심하라든지. 사실 꼰대로 취급될까 봐 차마 얘기하지 못한 것이 엄청 많거든요. 꼰대의 잔소리라고만 생각하지 말고, 회사 생활을 먼저 해본 표본들의 시행착오 빅데이터라고 생각하면 회사 생활에 도움이 되지 않을까요?

부하　회사 생활을 잘하고 싶은 입장에서, 생생한 경험이 녹아 있는 이야기는 정말 값질 때가 많아요. 그렇지만 듣는 사람을 생각해서 조금 더 배려해 주면 아마 곱절로 감사할 거예요. 예를 들어, 업무에 있어서는 간결하게 지시하는 분도 잔소리는 꼭 장황하게 하시더라고요. 문제에 대한 피드백도 업무 지시처럼 명확하고 간결하게 이루어지면 교정이 훨씬 쉬워질 것 같아요. 괜히 지나간 이야기까지 꺼내 감정을 상하게 할 필요는 없으니까요. 업무 피드백의 경우에는 직원의 실수를 즉시 말하는 게 좋겠죠. 많은 생각을 하고 정리한 업무가 잘못된 거니까, 바로 수용할 수 있을 거예요. 그런데 지각을 한다든지 하는 경우에 주는 행동 피드백은 몇 차례 문제 행동이 반복된 뒤에 말씀하는 게 더 좋아 보여요. 한두 번의 행동만으로 조언을 주는 건 성급한 일반화의 위험성이 있으니까요. 칭찬도 아끼지 말아주세요. 물론 뜬금없는 칭찬은 감흥이 없겠지만, 노력과 고생에 대한 칭찬이 있다면 즐거운 마음으로 잔소리를 들을 수 있을 것 같네요.

summary

1 사소한 실수는 진짜로 사소한가? 조직 입장에서는 사소하지 않은 일일지도.

2 간섭하는 사람도 스트레스를 받는다. 가뜩이나 업무도 많은데 트집거리도 잔뜩 보인다면….

3 잔소리는 간결하게, 신중하게, 칭찬과 함께. 잔소리 많은 상사에게 슬쩍 말해볼까.

LINK 1 상사 눈길 사로잡는 보고서 작성법 ⋯▸ p.85
LINK 2 간섭하고 싶은 부하는 일을 못 하는 부하 ⋯▸ p.148

상사의 눈길을 사로잡는 보고서 작성법
진짜 비밀 팁 4

개인이 가지고 있는 역량과 태도는 눈에 보이지 않는다. 눈에 보이지도 않는 요소를 객관적으로 평가하기란 힘들다. 결국 눈에 보이는 외현적인 행동이 평가의 준거가 된다. 조직이 역량을 검증하는 데 쓰는 대표적인 기준이 보고서다. 보고서는 사고력과 인식 범위를 표현하는 기제다.

우리는 보고서를 통해 능력을 증명하고 타인을 설득한다. 우리는 잘 그린 그림을 보고 사진 같다며 감탄하지만 예술적인 사진을 보면 한 폭의 그림 같다며 칭찬을 아끼지 않는다. '보고서'와 '일잘러'도 마찬가지다. 뫼비우스의 띠처럼 느껴지겠지만 조직 내에서 우리 능력은 보고서 수준에 비례하는 것으로 비춰진다. 능력자는 보고서를 잘 쓰고, 보고서가 훌륭하면 능력자가 된다.

첫째, 좋든 싫든 보고서 고객은 상사다. 그러니까 부하는 '고객(상사) 지향적 보고서'를 써야 한다. 상사를 좋아하는 부하는 많지 않다. 상사는 구조적으로 부하의 마음과 몸을 힘들게 할 수밖에 없기 때문이다. 그럼에도 상사를 위하는 진심을 담아 상사 입장에서 보고서를 쓰다 보면 기적 같은 일이 일어난다. 상사가 선호하는 어휘와 업무 지향점을 잘 짚어 적확하게 담아낼 수 있다. 글쓰기에는 정답이 없다. 김대중 전 대통령은 접속사를 애용했다. 글과 글을 이어주는 친절한 신호등으로 여겼기 때문이다. 노무현 전 대통령은 정반대다. 접속사를 못질이라고 표현하면서 군더더기 없이 못 없는 문장을 만들라고 주문했다. 글과 업무에 대한 상사의 취향과 가치관부터 파악하라.

둘째, 한눈에 보여줘라. 상사는 늘 피곤하다. 그들의 상사로부터 받은 지시 사항을 어떻게 해결할지에 신경을 쓰느라 보고서를 작성한 부하만큼 애정 어린 눈길로 보고서를 살필 겨를이 없다. 보고서 내용을 왜 제대로 보지 못하느냐고 상사를 힐난하기 전에 내용을 압축해서 보여줄 필요가 있다. 주요 내용을 간단한 그림으로 구성하거나 핵심 사업별로 한두 줄 요약 박스를 추가하는 것이다. 노안이 온 상사라면 장황한 글보다는 깔끔하게 정리된 표, 그래프, 인포그래픽이 직관적으로 어필한다.

셋째, 쓸데없는 말은 쓰지 마라. 쓰나 마나한 단어들이 있다. 쓰나 마나한 단어들은 쓰나 마나하다. 업무용 보고서는 문학작품이 아니다. 문장 뜻을 풍부하게 해주는 부사와 형용사는 제발 잊자. 관형격 조사 '의'와 한자 명사 뒤에 습관처럼 붙는 '적'도 마찬가지다. 상황에 따라 다르지만, 문장이나 구를 느슨하게 잇는 '및'과 우리말에는 큰 의미가 없는 복수형을 표시하는 '들'도 대부분 불필요하다. 미사여구만 줄여도 한층 간결하고 힘 있는 보고서가 된다.

넷째, 참신해야 감동을 준다. 문제는 세상 아래 완전히 새로운 내용은 없다는 거다. 그러므로 부하의 숙제는 진부한 내용을 참신하게 표현하는 게 된다. 간단한 비법이 있다. 신선한 단어와 최신 자료를 활용하는 것이다. 자료 조사를 깊게 하면 할수록 동어 반복을 피하고 최근에 생성된

통계와 국내외 사례로 무장할 수 있게 된다. 특정 주제에 대한 자료를 풍부하게 모으면 유사한 상황이라도 다양하게 표현하는 어휘와 근거를 얻게 된다.

대개 보고서를 작성하기 전부터 이미 결론이 나 있는 경우가 많다. 왜 그 방향이냐고 투덜대는 건 승진 후 관리자가 되고 나서 해도 된다. 실무자일 때는 정해진 방향으로 가야 하는 논거를 잘 만들어내는 게 중요하다. 조직은 투덜이 스머프보다 츤데레형 일꾼을 사랑하기에. 상사에게 감동을 안기고 싶다면 전문가만 알법한 정보와 최신 통계 몇 개만 적절하게 배치해 보자. 익숙한 가운데 낯섦을 던져주고 가치를 재포지셔닝하면 보고서 수준이 한층 높아진다.

다섯째, 유행을 따르되 2% 파격을 시도하라. 비즈니스 보고서가 갖춰야 하는 기본 순서가 있다. 통상 작성 배경과 현황 분석으로 시작하고, 추진 내용과 전략으로 본문을 채우며, 마지막으로 향후 일정과 기대 효과를 덧붙이는 형태가 있다. 하지만 보고서 양식에도 유행이 있다. 요즘은 여백의 미를 살리는 추세다. 키워드 요약과 감성 자극용 스토리와 함께 비주얼 아이템으로 시각 효과를 높인다. 특히 예쁜 보고서가 점점 더 유행이다. 한글 문서표나 차트도 파워포인트로 깔끔하게 재작성해서 넣으면 상사는 더욱 흐뭇하다. 파란색 계통 글자로 강조하면 공신력을 자아내겠지만, 가끔은 파격적인 색상을 선택해 눈길을 끄는 실험도 해보자.

08

네 말 무슨 말인지

알지?

상사는 왜 지시를 명확하고 똑바로 못 할까

CONVERSATION

A사무관: 나 어떡해.

B사무관: 왜?

A사무관: 방금 과장님이 뭘 하라고 하셨는데, 무슨 말인지 모르겠어.

B사무관: 한 번 더 물어보면 되잖아.

A사무관: 처음 듣고 무슨 말인지 잘 이해가 안 돼서 물어봤는데, 또 들어도 잘 모르겠어. 더 이상 물어볼 수가 없어! 한 번 더 물어볼 때도 한숨 쉬시면서 얘기하셨단 말이야.

과장님은 머리 셋 케르베로스?

부하   회사 생활을 제일 어렵게 하는 것 중 하나가 바로 윗분들의 말씀이에요. 이렇게 쓰라고 하셔서 가져가면 다시 저렇게 쓰라고 하시고, 그래서 고쳐가면 다시 원래대로 고치라고 하시고. 그런데 그것보다 더 어려운 건 바로 무슨 말인지 이해하기 어려운 지시예요.

업무와 관련이 없는 것 같은 장황한 서론을 한참 말씀하시다가 갑자기 마무리 지으시면서 내 말 무슨 말인지 아냐고 물어보시면 뭐라고 답해야 할지 난감해요. 모르겠다고 대답하는 것도 한두 번이지, 항상 모르겠다고만 하면 무능한 직원으로 낙인찍힐 게 뻔하잖아요.

상사 물론 근본적으로 말하는 방식이 잘못된 상사가 있다는 건 일부 동의해요. 직원이 상사를 위한 보고 스킬을 익혀야 하는 것과 마찬가지로, 상사 역시 직원을 위한 지시 스킬을 따로 공부해야 한다고 생각해요. 그래서 저는 몇 가지 원칙을 세웠어요. 첫째, 간결한 문장으로 결론부터 말하자. 둘째, 이해를 돕기 위한 예시는 두 개를 넘기지 말자. 셋째, 직원이 해야 할 일을 명확히 지시하자. 명확한 지시로 직원에게 신망이 두터운 선배의 노하우를 벤치마킹했다고나 할까요.

관리자는 거시적인
방향성을 얘기할 수밖에

상사 변명처럼 들리겠지만, 한편으로는 상사의 지시가 명
확하지 않다고 느낄 수밖에 없겠구나 싶기도 해요.
실무자는 자신의 담당 업무에 관해 깊은 고민을 하는
반면, 관리자는 여러 업무에 대한 방향성을 고민하거
든요. 업무에 대한 지시 역시 실무적으로 말하기보다
전체적인 목적이나 성격에 대한 피드백일 가능성이
커요.

예를 들어 실무자 입장에서 원하는 지시는 "물을
500cc 넣고 가열하다가 물방울이 초당 3회 이상 올
라오면 면과 수프를 함께 넣고 2분 30초 더 끓여라"
는 식이라면, 관리자 입장에서 말하는 지시는 "라면
은 꼬들꼬들해야 하지 않겠나" 같은 식인 거죠. 이건
무조건 상사의 잘못이라고 하기 어려워요. 구체적인
방법은 개별 업무를 더 깊게 고민한 실무자가 더 전

문가인 걸요.

부하 직원은 상사보다 경험도 적고, 관리자라는 직급은 아예 겪어보지 못했기 때문에, 아무래도 상사가 하는 말을 온전히 이해하기가 힘들어요. 실무적인 이야기를 상사가 이해하기 어려워하는 것과 같이, 추상적인 방향성에 대한 이야기는 직원이 단번에 이해하기 쉽지 않단 말이죠.

그런데 간신히 용기를 내어 상사의 지시에 대해 다시 물어봐도 명쾌한 답변을 주지 않고 에둘러 비슷한 얘기만 몇 차례 반복하고 말아요. 그렇게 되면 부하 입장에서는 또 묻기가 어렵죠. 몇 번이나 얘기했는데 이해하지 못했다면 그건 자신의 잘못인 것 같거든요. 결국 어영부영 상사의 지시가 끝나고 나서도 직원의 머릿속에는 물음표만 가득할 거예요.

상사와 직원의
업무 궁합

상사   조금 꼰대 같은 말로 들릴 수도 있는데요, 명백히 불명확한 지시는 잘못된 거지만, 대부분의 지시는 직원이 잘 알아들어야 할 의무도 있어요. 지시에 대한 앞뒤 맥락도 알고, 업무에 대한 배경 지식도 있는데, 조금 추상적이라는 이유만으로 상사의 지시를 이해하지 못했다면, 자신의 업무 역량을 높여야 하는 것은 아닌지 되돌아볼 필요가 있다고 생각해요.

물론 모든 지시를 하나하나 상세하게 설명해 주면 좋죠. 지시에 대한 설명을 길게 하면 할수록 혼선과 오해가 줄어들 테니까요. 문제는 실제 업무를 할 때는 그럴 시간이 없을 때가 많다는 거예요. 특히 상사는 더욱 그래요. 직급이 높아질수록 시간이 비싸진다는 말이 있잖아요. 관리자는 업무의 범위가 넓다 보니 모든 개별 지시에 충분히 설명해 주기가 어려워요.

그러니까 어느 정도 선에서 지시가 이루어지면, 그걸 찰떡같이 알아듣는 호흡이 필요한 거죠. 이걸 상사의 지시 탓으로만 몰아가면 억울한 점이 있죠.

부하   물론 회사에서 상사의 시간이 일반 직원의 시간보다 더 무겁고 귀하다는 건 알고 있어요. 그러나 지시하는 사람이 5분만 더 자세히 말해주면, 직원은 한나절 이상의 시간을 절약할 수 있어요. 상사의 시간이 비싸다는 것이 직원의 시간을 허투루 써도 된다는 뜻은 아니잖아요. 일을 더 알차게 할 수 있도록, 지시할 때 조금 더 세심하게 신경을 써주시면 좋겠어요.

summary ─────────────────────────────

1   부하에겐 보고 스킬, 상사에겐 지시 스킬. 깔끔하고 명확하게 필요한 걸 지시하는 것도 상사의 능력이다.

2   부하는 나무를 보지만, 상사는 숲을 봐야 한다. 상사의 지시는 나무가 아닌 숲에 대한 이야기.

3   부하는 역량이, 상사는 세심함이 필요하다. 상사와 부하의 업무 궁합을 위해서는 모두의 노력이 필요하다.

─────────────────────────────────────

LINK 1 보고를 받은 적이 없다고 우기는 상사 ⋯→ **p.31**
LINK 2 효율적으로 중간보고 하는 법 ⋯→ **p.38**

무례한 상사와 일의 언어로 소통하는 법
진짜 비밀 팁 5

회사는 일상어로 편하게 소통하는 공간이 아니다. 조직 안에서 통용되는 프로의 언어는 따로 있다. 이 언어 스킬을 숙지하지 못해 소통 오류를 초래하면 그에 따른 대가는 부하가 지게 되는 경우가 대다수다. 대부분 상사는 인지적 구두쇠다. 그들은 그들의 상사로부터 받은 지시 사항만으로도 충분히 머리가 아프기에 부하와 소통할 때만은 두뇌를 풀가동하고 싶어 하지 않는다는 뜻이다. 대충 지시하고 대충 듣는다. 부하에게 긴장감 없이 무례하게 구는 상사와 충돌은 최대한 피하고 원만하게 소통하고 싶다면 다음과 같이 대처해 보자.

첫째, 조급증 상사에게는 되물어라. 회사에는 유난히 성격이 급한 상사가 많다. 대부분 상사는 직원을 몰아세워 성과를 내야 현재 자리를 보전하고 이후 경력 관리도 가능해지기에 조바심을 내게 된다. 매사 느긋한 상사라면 그 위 상사에게 예쁨받기 어려울 테니 이해가 가는 구석은 있다. 그럼에도 매사에 "빨리빨리"만 외치는 상사에게 부화뇌동해 '넵무새(yesman)'가 되어 무조건 "네!"만 외치는 것은 금물이다. 그렇다고 "네?"로 반문하며 상사의 심기를 거스르라는 것은 아니다. 상사가 일의 언어를 구사하지 못한다고 부하까지 같은 유형이 되어서는 안 된다. 대충 지시받았다고 대충 했다가는 불똥은 다 부하가 지게 마련이니. 상사가 번거로워하더라도 왜 이 자료가 급히 필요한지 맥락 설명과 구체적인 마감 기한을 요청해야 한다. '왜'가 빠진 자료는 방향을 잃고 표류하게 되고, '언제까지'가 빠진 자료는 시의성을 놓치게 되니 말이다.

둘째, 신경질적인 상사에게는 감정을 분리하라. 일하다 보면 성마른 성질을 지닌 상사를 만날 때가 있다. 별것 아닌 일에 화를 내고 부하의 작은 실수도 두고두고 곱씹곤 한다. 이런 상사와 소통할 때는 일단 상사의 말투에서 감정적인 요소를 제거해 보자. 상사가 전하려는 메시지가 무엇인지에 집중해서 그것에만 대응하는 것이다. 불친절한 말투, 높은 언성, 비아냥대는 질문. 이런 것에 방어하고 대응하고 싶겠지만, 인내심을 발휘하지 못한 대가는 의외로 비싸다. 상사가 공격적인 말투로 지시하거나 거칠게 말한다는 것은 이미 내게 부정적인 마음을 품고 있다는 것이다. 나를 삐딱하게 보는 상사에게 호의를 가지기는 어렵지만 그렇다고 내 속마음을 정직하게 드러낼 필요는 없다. 일터는 상사와 싸워서 이겨야 하는 전쟁터가 아니기에 나를 부정적으로 보는 상사가 틀렸다는 사실을 증명할 필요는 없다. 화내는 상사에게 동요 없이 침착하게 소통할 수 있다면 당신은 이미 상사보다 더 성숙한 프로다.

셋째, 우유부단형 상사에게는 먼저 제시하라. 새로운 일을 론칭할 때는 상사도 두렵다. 어떤 결정을 해도 다소의 후회는 따르기 마련이다. 후회를 최소화하고 싶기에 상사는 불필요한 삽질을 시키는 경우가 비일비재하다. 우리나라는 불확실성을 회피하려는 성향이 유독 강하다. 네덜란

드 학자 호프스테드(Hofstede)가 조사한 바에 따르면 조사 대상국 74개 중에서 23위다. 대한민국 직장에 쓸데없는 일을 연거푸 시켜대는 상사가 의외로 많은 이유다. 여기 구덩이를 파보라고 지시하다가 아니다 싶으면 저쪽도 가서 구덩이를 파보라고 한다. 일만 내리 시켜놓고서는 정작 중요한 결정은 차일피일 미루기도 한다. 이렇게 부하 시간만 잡아먹는 어수선한 상사와 일하게 됐다면 일의 주도권을 부하가 먼저 쥐고 해결책을 제시하는 것을 추천한다. 상사가 이렇게 산만한 것은 일에 대한 자신감이 없고 그 위 상사를 설득할 용기가 부족하기 때문이다. 상사가 자신감을 가지고 불확실성에 대한 노파심을 줄일 수 있도록 전문적으로 분석한 자료로 상사를 중무장시키자.

더 꼰대라면
이렇게 말했을걸

남들 다 야근하는 거

안 보이나?
: 옆 동료가 일하는데 칼퇴하는 부하에게

CONVERSATION

A과장: 우리 과 눈치 없는 A사무관님 때문에 머리가 아프네. 최근에 우리 과 업무 중 문제 있었던 그 건 알지? 그것 때문에 나도 몸을 사리고 있거든. 옆에 국장님이 돌아다니시고 있는데 A사무관님이 아주 요란하게 책상 정리를 하고 6시에 퇴근하는 거야.

B과장: "국장님, 나 일 없어요" "우리 과 일 없어요" 하고 광고하는 거야?

우리라고
야근하고 싶을까

상사 이 회사가 제 회사라면 또 모르겠네요. 아니, 하다못해 우리 부모님 회사였어도 모르죠. 그런 거 아니거든요. 관리자 역시 회사 입장에서는 그저 수많은 직원 중 한 명일 뿐이고, 신입 사원이든 관리자든 야근하기 싫은 건 똑같아요. 그런데 가끔은 관리자가 야근의 원인인 것처럼 여겨지는 것 같아 억울할 때가 많아요.

부하 사실 회사 생활 하면서 야근을 전혀 안 할 수는 없다고 생각해요. 가령 새로운 부서로 인사이동한 직후라면, 새로운 업무에 미숙하기 때문에 업무 처리 속도가 상대적으로 느리겠죠. 이럴 때 야근은 개인적으로도 도움이 된다고 생각해요. 방과후수업이나 야간자율학습 같은 거죠. 심지어 학원은 돈을 내고 배우러 다니는데, 야근은 돈을 받으면서 업무를 배우는 거니까 오히려 긍정적으로 생각할 수도 있어요.

그런데 야근의 원인이 내 안에 있는 게 아니라 밖에 있을 때, 불만이 많아지는 건 사실이에요. 다른 직원보다 더 많은 업무가 주어지고, 업무량 차이 때문에 야근을 한다면, 업무 분장의 책임자인 관리자를 탓하게 되지 않겠어요?

상사 야근의 원인은 세 가지가 있다고 하죠. 하나, 직원의 업무 능력 부족, 둘, 관리자의 업무 분장 잘못, 셋, 조직의 업무량 과다. 직원도 일을 잘하고 관리자도 업무를 잘 나눴지만 조직 내의 업무량이 많아 야근을 할 수도 있다는 뜻이에요. 그러니까 너무 관리자만 미워하지 않았으면 좋겠어요. 우리도 피해자라고요.

과장은
국장의 눈치를 본다

부하 그건 그렇다 치고, 왜 주어진 일을 하고 퇴근하는데 불편한 눈으로 보는지 모르겠어요. 입으로는 눈치 보지 말고 퇴근하라고 해놓고는, 정작 정시퇴근을 하면 슬쩍 압박을 주기도 하고요. "먹고 싶은 거 맘대로 먹어, 나는 짜장면" 같아요. 일을 안 하는 것도 아니고 업무를 신속하게 하는 것도 잘못인가요?

상사 단순하게 말해서, 회사에서는 회장을 뺀 모두에게는 상사가 있죠. 즉, 모두가 눈치를 볼 누군가가 있다는 소리예요. 과장들은 국장님 눈치를 볼 수밖에 없죠. 때때로 눈치는 필요해요. 다른 부서는 전부 바빠서 야근을 하는데 우리 부서만 칼퇴를 하고 텅텅 비어 있다? 옆 부서의 눈총을 받는 건 둘째 치더라도 직속 상사에게도 우리 부서가 할 일 없는 부서라는 오해를 받을 가능성이 있죠. 직원의 업무는 과장도 알기 어려운데 심지어 국장급이야 하나하나 알기 어렵죠. 실제로는 우리 과원의 업무 능력이 출중하고, 업무 분장이 효율적이어서 그렇다고 해도 말이죠.

그 결과, 부서 정원이 감축될 수도 있고, 다른 부서의 업무가 우리 부서로 올 수도 있습니다. 칼퇴가 오히려 워라밸을 해치는 결과를 낳는 거예요. 이유 없는 야근을 옹호하려는 건 아니에요. 그렇지만 가끔은 상황에 맞추는 것이 더 이득이 될 수 있다는 걸 말해주고 싶어요.

과장은
야근러의 눈치도 본다

상사   한 가지만 더 말하면, 나중에 직원이 관리자가 되면 알

겠지만, 상사 눈치를 보는 것만큼이나 아래 직원들의

눈치도 함께 보게 되더라고요. 부서원 중 야근을 유독

많이 하는 사람이 있다면, 괜히 더 신경이 쓰이고 마음

이 가요. 그 사람의 업무 능력은 차치하고라도, 어쨌든

열심히 하는 거잖아요. 본인에게 주어진 업무를 어떻

게든 잘 해내려고 책임감 있게 임하는 거고요. 어떻게

그런 사람에게 마음이 안 가겠어요.

그런데 잦은 야근으로 힘들어하는 동료를 보고도 본

인 업무가 끝났다며 휙 가버리는 직원을 보면 야근하

는 사람을 보기가 더 미안해져요. 관리자로서 업무 분

장을 잘못했나 싶기도 하고요. 물론 업무마다 특성이

다르고 정확히 N분의 일로 일을 나눌 수는 없지만요.

한편으로는 고생하는 동료를 외면하면서 자기 일만

110

챙기는 직원을 보면 속상해요. 과장이 지시하면 반감만 커질 테니 알아서 일을 도와주면 좋으련만, 자기 일 끝났다고 퇴근 시간 되자마자 종적을 감춰버리면 혹시 처리한 일 중에 실수가 있지는 않은지 좀 더 꼼꼼하게 챙겨보게도 돼요. 옳고 그름을 떠나서, 관리자도 사람인지라 업무 태도에 민감하게 반응하게 되더라고요.

부하 실제로 더 빨리 끝낼 수 있는데도 야근이 일상화되고 습관화된 사람들도 있어요. 그러나 그런 사람이 야근을 한다고, 저까지 옆에 있어야 한다는 건 별로 공정하지 않다고 생각해요. 그런데 말은 이렇게 해도, 실제로 칼퇴러도 야근러 눈치를 보게 되거든요. 계속 같이 일할 사람들이니까요. 오히려 눈치 보지 않고 퇴근할 수 있는 문화가 만들어지면 좋겠다는 생각이 들어요.

summary ────────────────────────────

1　　칼퇴는 모든 사람들의 바람이다. 상사도 칼퇴하고 싶어 하는 직장
　　　인일 뿐.

2　　오늘의 칼퇴가 내일의 업무를 만들 수도 있다. 야근이 워라밸에 도
　　　움이 되는 경우도 있다.

3　　관리자도 그저 끼어 있는 사람이다. 상사와 아래 직원의 눈치를
　　　이중으로 보는 처지.

────────────────────────────────────

LINK 1 이왕이면 빛나게 일하는 법 ···▸ **p.66**
LINK 2 야근러 눈치 보는 과장의 궁금증 ···▸ **p.208**

야근 없이 성과 내는 법
진짜 비밀 팁 6

공공기관뿐 아니라 대부분 회사는 기능 중심 조직이 아니라 위계 조직에 가깝다. 위계 조직은 부서 단위 보상과 성과평가가 보편적이다. 공동의 목적을 향해 협업하기 때문에 개인별 기여도를 정교하게 가늠하기 어렵기 때문이다. 일이 고만고만해 성실과 근면이 유능함으로 통용되기에 바쁘다는 말을 습관처럼 달고 산다. 야근 안 하면 일이 없어 보이고 근무 태만으로 낙인찍히기 쉬운 곳이지만, 정시 퇴근하면서 성과 내는 것이 불가능한 일은 아니다.

첫째, 일을 바라보는 시선을 넓혀라. 시야가 넓어지면 일의 속도가 빨라진다. 하다못해 운전을 할 때도 시선을 멀리 두어야 한다. 바로 앞 차선에만 시선을 고정했다가는 자칫 사고가 나기 쉽다. 거시적인 안목으로 일하면 근시안으로 종종걸음 치던 때보다 더 효율적으로 업무를 처리할 수 있다. 문제가 초래된 맥락과 쟁점이 보이면 곁가지에 연연하지 않고 큰 가지 중심으로 정리할 수 있다. 시야를 넓히려면 정보저장고를 체계적으로 구조화시키고 충실하게 채워야 한다. 다양한 매체나 유관 분야 관계자를 만나 터득한 업무 관련 지식과 정보를 꾸준하게 쌓아두자. 휘발성 정보가 되지 않도록 기록은 필수다. 자고로 소소한 메모가 희미한 기억력보다 나은 법이다.

둘째, 시간 가계부를 써라. 법정 근무시간 8시간 내에 많은 일을 해내려면 손가락 사이로 새는 시간을 최소화해야 한다. 주어진 시간 내에 처리해야 할 일의 목록을 적어보면 시간을 좀 더 알뜰하게 쓸 수 있다. 15분 단위로 촘촘하게 6시간만 계획해 보자. 일을 하다 보면 예기치 못했던 이런저런 일에도 시간을 할애하게 되기 때문이다. 6시간 동안 다 마무리 짓지 못한 일은 남은 두 시간 동안 처리하면 된다.

시간 가계부를 쓰는 습관을 갖게 되면 업무 우선순위를 매길 수 있는 안목도 생긴다. 시간이 한정되어 있기에 할 일 목록 중에서 자연스럽게 시급하고 중요한 일부터 시작하게 된다. 난이도가 높은 일은 집중력이 최고조로 발휘될 때 해야 한다. 개인별 생체리듬이 다른 만큼 업무 효율이 가장 높은 황금 시간도 다르지만, 에너지가 덜 소요된 오전이 일반적으로 업무 생산성이 높은 시간대다.

셋째, 사심을 담아라. 사장이 아닌 이상 일이 마냥 즐거울 수는 없다. 그럼에도 지금 하고 있는 이 일이 미래에는 도움이 될 거라는 희망이 있으면 좀 더 즐겁게 일할 수 있다. 실제로 일하면서 쌓은 기술과 기량을 바탕으로 인생 이모작에 성공하는 사례도 많다. 마지못해 하는 일은 진척이 더딜 수밖에 없지만 신나게 일하면 기운이 샘솟는다. 아이디어가 번뜩이고 에너지가 넘치니 같은 시간 안에 더 많은 일을 해낼 수 있다.

02

휴가도 회사 생각 좀

하면서 써야지!

.. 의무는 안 지키면서 권리만 누리려 하는 부하에게

CONVERSATION

B과장: 우리 과에는 새로 온 A사무관님이 이번 주 연가를 냈더라고.

A과장: 이번 주? 정부 행사 있는 주 아니야? 다 같이 달라붙어서 해야 하는 것 아니야? 그래서 연가 쓰라고 했어?

B과장: 돌려서 말을 하긴 했는데, 알아들었는지 모르겠어.

왜 하필 바쁠 때
휴가를 쓰나

상사 MZ세대(80년대 초에서 00년대 초 사이에 출생한 밀레니얼세대와 90년대 중반에서 00년대 초반에 출생한 Z세대를 통칭하는 말)를 설명하는 키워드 중에 빠지지 않고 등장하는 게 바로 '공정성'이라죠. 요즘 친구들은 공정한 걸 그렇게 중요하게 생각한다나요.

공정한 거? 좋죠. 노동자로서 자신의 권리를 지키는 것? 이것도 좋죠. 그런데 자신의 권리를 주장하기 위해서는 우선 본인에게 주어진 의무에 성실해야 한다고 생각해요. 오전에 간부회의가 있어 담당자를 급히 찾는데, 여느 때처럼 티타임을 갖는다며 오랜 시간 자리를 비운다든가, 근무시간 중에 담배를 피고 온다며 수십 분씩 종적을 감춘다든가 하면 그 직원이 곱게만 보이지는 않죠.

게다가 그런 사람이 사무실 상황에 아랑곳하지 않고 모두가 바쁜 시기에 휴가를 쓰겠다고 하면…. 휴가를 쓰지 말라고는 못 하지만, 동료에 대한 배려심이 없는 사람이라는 생각이 드는 건 사실이죠.

부하　요즘 사람들은 개인주의다 뭐다 하지만, 이건 어디까지나 이전 세대와 비교한 상대적인 특징이에요. 지금 세대도 당연히 옆 사람을 신경 쓴답니다. 좋은 관계를 유지하고 싶어요. 만약 부서에 업무가 몰리는 때에 제가 휴가를 쓴다면, 아마 다른 부서원의 일이 많아질 거고, 그렇게 되면 전 미운털이 박힐 테죠. 요즘 세대라고 해서 이런 것까지 상관없는 건 아니에요.

대신 변명을 하자면, 아마 한창 바쁜 시기에 휴가를

쓴 사람은, 바쁜 때라는 걸 몰랐을 거예요. 모르고 눈치 없이 굴었을지도 몰라요. 차라리 업무 사이클을 잘 설명해 주었다면 휴가 일정을 조정을 거예요. 부득이한 경우가 아니라면 말이죠.

남들은 다
사무실 출근해서 일하는데

상사 관리자가 되기 전에 스스로 다짐한 것 중에 하나가 바로 좋은 상사가 되자는 것이었어요. 특히 휴가만큼은 부서원이 눈치 보게 하지 말자고 마음먹었죠. 아프다며 병가를 내는 직원에게는 푹 쉬고 건강 챙기라며 따뜻하게 말을 건네려고 애를 썼고, 하루 이틀 쉬겠다는 직원에게는 이유도 묻지 않고 사용을 승인했어요. 무슨 일 때문에 쓰냐고 묻는 것 자체가 간접적인 압박이 될 수 있다고 생각했으니까요.

그런데 실제로 상사가 회사에서 함께 있게 되는 사람은 휴가를 가지 않고 출근한 직원들이에요. 누구는 업무가 많아서 정신없이 일하는데, 심지어 해도 해도 일이 안 끝나서 야근까지 하는데 누구는 휴가를 쓰고 사무실에 나오지도 않는다? 상사는 일에 허덕이는 다른 직원을 보면, 괜히 휴가를 승인했나 하는 죄책감을 느끼기도 해요. 요즘은 휴가에 대해 '허가 대상이 아닌 통보 대상'이라고 말하지만요.

부하 워커홀릭이 아닌 대부분의 사람은 적게 일하고 많이 쉬기를 바라죠. 내가 사무실에 출근해서 일하고 있을 때, 휴가를 내고 쉬고 있는 사람이 있다면 부러운 마음이 드는 건 당연하다고 생각해요. 제가 휴가를 쓰고 다른 직원이 근무를 한 날이 있다면, 그 반대의 날도 있겠죠. 죄책감을 느끼실 필요까지는 없는 것 같아요.

권리는 의무를 지킨
사람이 누리는 것

부하 직원 한 명이 휴가를 갔다고 회사가 멈출 수는 없죠. 그래서 모든 업무에는 업무 대행자라는 게 있잖아요. 본래 그 업무를 담당하는 사람은 따로 있더라도, 업무 담당자 부재 시에 그 업무를 대신 맡아 처리해 줄 사람이요. 그러니까 원칙적으로 휴가는 자유롭게 써도 된다고 생각해요.

상사 사실 업무에 대해서는 관리자보다 실무자가 더 잘 아는 경우가 많죠. 휴가를 써도 되는지에 대한 판단 역시 마찬가지고요. 그래서 가급적 직원들의 판단을 존중해 주려고 해요.
그런데 만약 업무 대행자가 있다는 이유만으로 큰 고민 없이 휴가를 쓰는 직원이 있다면, 무책임하다는 생각이 드네요. 업무 대행은 말 그대로 대행일 뿐이고 완벽히 대신할 수는 없죠. 업무에 대한 중요한 판단, 행정 처리 등은 오롯이 담당자의 몫이잖아요. 담당자가 필요한 시기에는 원활한 업무 처리를 위해 담당자가 있어야 할 텐데요.

휴가는 복리후생에 포함된 마땅한 권리라는 점은 동의해요. 그렇지만 당당히 권리를 이야기하기 위해서는 우선 각자에게 주어진 의무를 다하는 게 필요해요. 권리와 의무는 동전의 양면이죠. 본인이 없는 동안에도 업무가 잘 진행될 수 있도록 업무 대행자에게 상황을 상세히 공유한다거나, 본인이 처리해야 할 것을 완벽히 처리해 두는 것처럼 말이죠. 그렇지 않으면 싫은 건 안 하고 단물만 찾는 무책임한 사람으로 비칠 수 있다는 걸 알아줬으면 좋겠어요.

summary

1   휴가 써도 욕 안 먹는 시기가 있다. 바쁠 때 쓰면 솔직히 욕먹겠지.

2   관리자는 출근러의 눈치를 본다. 사무실에 있는 건 출근한 사람들이니까.

3   할 일을 제대로 한다면 당당히 주장할 수 있는 게 권리. 휴가가 권리라는 건 관리자도 아는 부분.

LINK 1 일 시켜도 감감무소식인 부하를 보는 상사의 속마음 ⋯▸ p.148
LINK 2 일에 몰입하지 않는 부하를 보는 상사의 속마음 ⋯▸ p.159

지각해도 욕먹지 않는 법
진짜 비밀 팁 7

성실한 근무 태도는 직장인의 기본 덕목이다. 하지만 살다 보면 예기치 않은 일이 일어나 지각을 하게 된다. 만성적으로 지각을 일삼는다면 근무 태만이니 문제가 있다. 어쩌다 한 번의 지각으로 업무 불량 노답형으로 평가절하되고 싶지 않다면, 평소 일 센스를 발휘해 보자.

첫째, 상사를 내 편으로 만들라. 상사가 아끼는 부하라면 지각 한두 번쯤은 눈감고 넘길 수 있다. 근태 시스템에 지각으로 기록은 될지언정 상사의 신뢰를 잃을 염려는 없다. 상사의 신뢰를 얻는 방법은? 유능하거나 유익하면 된다. 상사는 업무가 폭증할 때 통 크게 도움 준 은혜를 잊지 않는다. 회식 자리에서 다들 내외하며 상사와 3단계 사회적 거리 두기를 할 때 용기 내 옆자리에 성큼 앉는 부하가 고

맙다. 이런 노력으로 관계망의 계좌에 잔고가 두둑하다면 지각 한번으로 모라토리엄을 선언하며 안면몰수할 상사는 없다. 지각이 예상되는 전날 미리 상황을 공유하면 더욱 좋다. 늦은 밤 야근이나 과음이 불가피한 모임이 있다면 상사에게 넌지시 귀띔을 해두거나 문자로 보고해 두자. 아침 일찍 기상했다면 정시에 출근하자. 상사에게 프로답다는 이미지를 남길 수 있으니 말이다.

둘째, 좋은 평판을 구축하라. 사람은 생각만큼 이성적이지 않다. 열 손가락 중에 깨물면 더 아픈 손가락이 있다. 하물며 회사다. 감정과 판단의 오류가 일어나는 것은 불가피하다. 유능한 직원이 지각하면 피치 못할 사정이 있을 거라고 여긴다. 무능한 직원이 지각하면 일도 못하는데 근태도 엉망이라고 험담한다. 중요한 것은 평판은 내가 만든다는 것이다. 자신의 능력에 대해 낙관 전망을 펼친 그룹이 겸손한 사람보다 두 배에 가깝게 유능하다는 평가를 받은 실험이 있다. 상사가 새로운 미션을 부여할 때 일단 자신감을 내비치자. 결과가 기대에 다소 못 미치더라도 자신이 처음에 믿었던 것을 계속 믿고 싶은 확증편향 덕분에 상사가 당신에게 구축해 놓은 평판은 쉽사리 허물어지지 않는다.

셋째, 욕하지도 못하게 깔끔하게 일하자. 지각을 해도 뒷담화 주인공이 되고 싶지 않다면 진짜 능력자가 되어버리자. 코로나19로 유연근무와 재택근무가 보편적으로 수용되고 있다. 모든 사람이 같은 시간에 사무실로 출근해야 한다는 관례가 깨지고 있는 판에 핵심 인재가 하는 몇 번의 지각이 그렇게 대단한 흠일까? 담당하는 일에 있어서는 그 누구도 이의를 제기하지 못할 정도로 깔끔하게 일을 처리하는 이라면 가끔 느슨해지는 복무에 대해 왈가왈부할 사람은 많지 않을 거다. 늦으면 안 되는 때는 절대 늦지 않고, 중요한 일은 빈틈없이 처리하면 '챙겨야 할 일은 확실하게 챙기는 사람'이라는 믿음이 절로 쌓인다.

03

다들 자기 생각이

없어?

회의를 해도 아이디어를 내지 않는 부하에게

CONVERSATION

A과장: 내가 뭐라고 의견만 내면 A사무관님에게 돌아오는 대답이 뭔지 알아?

B과장: 뭔데?

A과장: "네."

B과장: 과장 말 잘 듣고 좋네.

A과장: 좋은 게 아니라 본인 생각이 없는 것 같아. 아이디어를 교환해야 할 때도 있잖아. 그럴 때도 그냥 "네"라고만 해.

B과장: 반항하는 건가?

그렇게
자기 할 말은 잘하더만

상사 밀레니얼세대는 학창 시절에 받은 교육부터 기성세대와 다르다고 하더군요. 지식을 마구잡이로 주입하는 강의식 교육이 아니라 자신의 주장을 논리적으로 펼칠 수 있는 자기주도적 토론 교육을 받는다고 해요. 그래서 그런지 평소 본인이 부당한 대우를 받았다고 생각하면 어찌나 논리정연하고 치밀하게 잘 말하는지.

그런데 그렇게 훌륭한 말솜씨를 왜 아이디어 회의 때는 쓰지 않는지 모르겠어요. 아이디어가 있으면 좀 내보라는 말 뒤에는 꼭 기나긴 침묵이 찾아온다니까요. 그럴 때는 기성 세대와 다를 게 없어요. 다들 생각도 없이 회사 다니냐고 말하고 싶은데, 혹여나 꼰대로 몰릴까 봐 속으로 꾹꾹 참고만 있습니다. 회의 시간 내내 딴생각만 하는 거 아닌지 모르겠어요.

왜 회의만 하면
아무 말도 안 하는지

부하 생각나는 대로 말하고 생각대로 일할 수 있다면 왜 말을 안 하겠어요. 물론 가끔은 정말 아무것도 안 떠올라서 말을 못 할 때도 있죠. 그렇지만 보통 아이디어 회의라는 건 5분, 10분 하고 끝나는 게 아니잖아요. 그렇게 긴 시간 앉아서 얘기하는데, 어떻게 그동안 내내 딴생각만 할 수 있겠어요. 가끔은 회의에 집중도 하고, 아이디어도 떠올리죠.

상사 제 말이 그 말입니다. 회의를 하다 보면 관리자 입장에서 실무자의 표정이 읽힐 때가 있어요. 가령 집중을 안 하는 사람은 눈빛부터 다르죠. 그런데 문득 분명 아이디어가 떠오른 얼굴을 한 사람이 있어요. 답답한 건, 아이디어를 말하라고 콕 지명해도 말을 잘안 한다는 거예요. 별다른 생각이 없다면서요. 이게 말이나 되는 일이냐고요.

부하 그 말도 안 되는 일이 왜 일어나는지 말씀드릴게요. 이건 개인 탓이 아니라 시스템 탓이라고 생각하거든요. 우선 업무가 이루어지는 구조를 볼까요? 우리가 혼자 그림 그리는 예술가가 아닌 이상, 대부분의 업무는 독립적이지 않아요. 누군가의 업무와 연관되어 있죠. 문제 상황을 해결하기 위한 아이디어도 마찬가지예요. 회의에서 내뱉은 한마디로 인해 다른 사람들의 업무가 영향을 받죠. 업무량이 많아질 수도 있고, 업무 프로세스가 바뀔 수도 있어요. 그러면 그들은 저를 어떻게 생각할까요. 신박한 아이디어를 내놓는 혁신적인 사람? 아니요, 그냥 미운털이나 박히고 말 겁니다. 그런데 어떻게 아이디어를 내놓겠어요.

 운 좋게 다른 사람의 업무에 영향을 안 주는 경우라고 합시다. 그렇다고 해도 결과는 뻔해요. 다른 사람의 업무가 아닌 제 업무가 영향을 받는 거죠. 아이디어를 냈다면, 그 아이디어를 실현하는 것도 제 일이에요. 물론 승진이나 출세를 중요하게 생각하는 친구들도 분명히 있지만 저는요, 회사에서 일 열심히 해서 빨리 출세하는 것보다, 당장 오늘 저녁 시간을 지키는 게 더 소중해요. 가뜩이나 지금도 업무가 많아서 허덕이는데, 왜 나서서 일을 더 키우겠어요. 게다가 안 하던 짓을 하면, 나중에 감사니 민원이니 하는 복잡하고

까다로운 일까지 따라올 게 뻔하잖아요. 일을 제 손으로 불리기는 싫어요.

분위기가
좋은 회의라면

상사 요즘 브라운백 미팅(샌드위치 등 가벼운 먹거리와 함께 진행하는 캐주얼한 회의)이니 브레인 라이팅(서로가 낸 의견에 대한 비판 없는 조건에서 자신의 생각을 자유롭게 글로 적어보는 방식)이니 하는 거 많이 하잖아요? 회의 시간에 누군가가 낸 의견에 대해 비판하는 걸 자제하고, 조금 더 자유로운 분위기에서 이야기를 쉽게 끌어내려는 노력이 아닐까 싶거든요.

사실 업무에 대한 구조적인 문제는 단기간 내에 풀어내기 어려운 숙제인 것 같고, 그런 구조하에서 보다 자연스럽게 이야기할 수 있는 문화를 만드는 것도 의미 있어 보이는데요. 일종의 넛지 효과(Nudge. 강압하지 않고 부드러운 개입으로 특정 행동이나 선택을 유도하는 방법)랄까요.

부하 실제로 회의를 하는 입장에서 분위기가 중요하다는 점은 동의해요. 사실 회사에 처음 들어왔을 때는 회의에서 꽤 활발하게 얘기했었거든요. 그런데 제가 내놓는 의견이 매번 비판받고, 심지어 과장님까지 너무 생각을 안 하고 말부터 한다고 뭐라고 하시는 거예요. 그래서 나중에는 의기소침해져서 소극적이게 되더라고요.

그렇지만 돌이켜 생각해 보면, 제 의견에 대해 다들 방어적으로 말씀하셨던 것이 충분히 이해가 가요. 기본적으로 누군가의 아이디어를 방어적으로 접근하는 문화가 만들어진 것이, 바로 앞서 말한 업무와 관련된 구조 때문이라고 생각하거든요. 회의 방식을 다양하게 하거나, 분위기를 부드럽게 하는 것도 도움이

아예 안 되지는 않겠지만, 결국 표면적인 문화일 뿐
이에요. 실제로 생산적이고 활발한 회의가 이루어지
기 위해서는 정원을 늘려주든지, 조직을 만들어주든
지, 업무 재편을 하든지 관리자급에서 조직의 구조를
개선하려는 노력이 선행되어야 할 것 같아요.

---

summary

1   남의 업무를 늘리는 얘기는 쉽게 말할 수 없다. 나한테 일 시키는
사람을 누가 좋아할까?

2   내 업무를 늘리는 얘기도 못 한다. 말했다간 오늘 저녁부터 야근하
게 생겼는데.

3   넛지도 좋지만 진짜 필요한 건 구조적인 업무 개선이다. 회의 분
위기를 부드럽게 만들어봤자 한계가 있다.

LINK 1 회의를 자주 하는 상사의 속마음 ···▶ p.137
LINK 2 일의 진행 상황을 말하지 않는 부하를 보는 상사의 속마음
···▶ p.170

SECRET
TIP

알잘딱깔센 회의 하는 법
진짜 비밀 팁 8

회의를 주재하는 입장이거나 간부급 회의에 참석하게 된 입장이라면 '알아서 잘 딱 깔끔하고 센스 있게' 회의를 진행하거나 참여하는 법을 익혀보자.

첫째, 시작할 때 종료 시간을 안내하자. 우리가 주의력을 유지할 수 있는 시간은 길지 않다. 회의 시간이 길어지면 아무리 중요한 안건을 다루더라도 느슨해지기 마련이다. 센스 넘치는 상사라면 회의를 시작하면서 회의 종료 시간을 안내하고 주의력과 긴장감이 떨어지기 전에 회의를 마친다. 회의 시간은 1시간을 넘기지 말고, 정례적으로 개최하는 회의라면 30분 정도로 압축해서 진행해 보자. 적절한 시간 압박은 시간 절약뿐 아니라 창의성까지 촉발한다.

둘째, 참석자와 배석자를 최소화하자. 회의가 산으로 가지 않게 하려면 사전에 참석자를 신중하게 골라야 한다. 불필요한 참석자까지 범위를 넓히면 회의에 대한 충분한 숙지가 부족한 상태로 참여한 사람은 자신이 아는 내용만 변죽 울리기식으로 대충 언급한다. 회의 참석자뿐 아니라 배석자도 최소화할 필요가 있다. 회의 자료를 작성하려면 실무자는 오랜 시간 고민하고 시간을 쏟아야 한다. 쟁점이 첨예하거나 시급을 다투는 보고서를 작성한다면 분초를 다퉈야 하는 경우도 많다. 보통 이런 사안과 관련된 회의는 한두 차례로 결론이 나지 않는다. 백업 자료와 콘텐츠를 작성하느라 정신없는 실무자에게 아무 말 대잔치가 되곤 하는 회의에 배석까지 강요하지는 말자. 회의에 참석한 간부들이 깔끔하게 디브리핑을 해서 실무자에게 추가로 보완해야 하는 항목을 구체적이고 명확하게 안내하면, 실무자의 시간과 에너지를 좀 더 아낄 수 있다.

셋째, 아이디어를 모아야 하는 회의라면 사전에 안건을 배포하자. 회의가 많은 조직은 '회의적'이다. 아무리 짧은 회의라도 자주 하면 긴 회의 못지않게 치러야 할 대가

가 크다. 그럼에도 불구하고 집단지성을 통해 신박한 아이디어나 지혜를 모아야 할 때라면 회의를 아껴서는 안 된다. 이왕 개최하기로 한 회의라면 좀 더 생산적으로 활용해 보자. 안건을 참석자들에게 미리 배포하는 건 기본 예의다. 회의가 어떤 내용으로 진행되는지 감을 잡으면 참석자도 좀 더 준비를 해서 참여하게 된다.

넷째, 결론 도출을 위해 노력하자. 의사 결정이 꼭 필요한 회의라면, 최종 결정은 회의 주재자의 몫이다. 회의 주재자가 신중한 스타일이라 결론을 내지 못하고 차기 회의로 결정을 순연한다면 유사한 회의를 또 준비해야 하는 실무자에게 짐을 안기는 셈이다. 그렇다고 의사 결정에 대한 부담에 참석자의 다양한 의견 개진까지 막아서는 안 된다. 다양한 아이디어가 자유롭게 오가다 보면 당초 검토안에 포함되지 않았던 혁신적인 대안이 나올 수 있기 때문이다. 회의를 주재한다면 편안한 분위기에서 참석자들이 의견을 낼 수 있도록 장려하되, 제대로 된 마무리를 짓지 않는다면 '아무말 대잔치 회의'로 끝나버릴 수 있다는 걸 잊지 말자.

04

잠깐 10분만

춤 모입시다

: 팀 회의를 싫어하는 부하에게

CONVERSATION

A과장: 내가 회의를 너무 자주 하는 걸까?

B과장: 얼마나 자주 하는데?

A과장: 일주일에 한 번.

B과장: 에이, 그 정도는 해야 하지 않아? 과원들도 돌아가는 상황은 알아야 하고.

A과장: 나도 그렇게 생각하고 매주 월요일 오후에 주간업무 정례회의를 하는 데, 회의 때마다 다들 입술 꽉 다물고 불만이라도 있는 표정으로 참여하니까 분위기가 너무 착 가라앉고 나도 마음이 불편해서.

B과장: 거의 매일 회의하는 C과장도 있잖아. 그래도 마음이 쓰이면 과원들한테 얼마나 자주 회의를 개최하면 좋을지 한 번 물어보지 그래?

보고도 안 하면서
회의도 싫다니

부하 회사에서 회의라는 건 방향을 설정하는 행위랄까요. 회의 그 자체로 무언가가 해결되지는 않죠. 회의를 통해 업무를 논의하기 때문에, 통상 회의를 할 때마다 일이 늘어나게 되죠. 그렇게 생긴 일은 회의가 끝나면 그때부터 시작되는 거고요. 안 그래도 회의 때문에 생긴 일을 처리하느라 짜증나는데, 그마저도 쉴 새 없이 툭하면 회의하자고 직원들을 소집하면, 그게 일이 되겠냐고요. 일할 시간을 좀 주면서 부르셨으면 좋겠어요.

상사 회의를 하면 그만큼 업무 처리할 시간이 줄어든다는 건 알고 있어요. 그렇지만 중간관리자는 말 그대로 중간이기 때문에 상사가 있단 말이죠. 위에서 자꾸 이것저것 물어보고, 이거 챙겨라 저거 챙겨라 하는데, 직원들은 업무를 한답시고 중간보고도 제대로 하지 않는 경우가 많아요. 그래서 회의를 하면서 업무 처리를 물어보는 거예요. 위에서 쪼니까. 챙겨야 하니까.

팀 업무 공유는
안 할 수 없어

부하 아니, 진짜 문제는 중간보고 성격의 회의가 아니에요. 그건 이해라도 하죠. 그런데 팀 회의라는 이름으로 팀 원들을 왜 그렇게 자꾸 소집하는지 이유를 모르겠어 요. 관리자 입장에서는 담당자들이 다 모여 있으니까 편하게 보고를 받는 기분일지 모르겠지만, 직원 입장 에서는 쓸데없이 소모되는 시간이 너무 많아요. 할 일 은 쌓여 있는데 관련도 없는 다른 사람의 업무보고까 지 듣고 있자면, 왜 이렇게 시간을 허비하고 있나 싶 어요. 게다가 그런 회의는 보통 끝나는 시간조차 불분 명해요. 언제까지 앉아 있어야 할지 모르는 소모적인 회의는 단지 시간뿐만 아니라 집중력과 정신력과 체 력까지 모두 빼먹는다고요.

상사 각자 업무가 다르다고 해도 팀 안에서 공유되어야 하는 사항이 있다는 걸 알아줬으면 좋겠어요. 본인이 맡고 있는 업무를 분절적이고 독립적으로 생각하면 안 돼요. 관리자 입장에서 보면 서로 얽혀 있는 게 명확히 보여요. 괜히 같은 팀으로 묶여 있는 게 아니거든요.

자신이 담당하고 있는 업무에 대한 전문성을 키우는 것은 중요합니다. 책임감을 가지는 것도 마찬가지고요. 그런데 자신의 업무에만 빠져 있으면 자칫 시야가 좁아질 수 있어요. 흔히 경주마 시야(Tunnel vision, 특정한 목표에 매몰되어 시야가 극단적으로 좁아지는 현상)라고 하잖아요. 그렇게 매몰된 시야에서는 자신의 업무를 처리하는 데 있어서도 잘못된 판단을 할 수 있어요. 신경 써야 하는 부분을 미처 확인하지 못하는 경우도 생길 거고요. 직원들 상호 간에 업무 공유가 필요한 이유가 분명히 있다는 말입니다.

회의를 생산적으로
만드는 방법

부하 그렇다고 해도 회의가 너무 잦고 많으면 힘들어요. 회의에 쓰는 시간이 많아질수록 실제 업무에 투입할 시간이 부족해진다는 건 잘 아시잖아요. 회의는 딱 필요한 만큼만 최소한으로 했으면 좋겠어요.

게다가 어쩔 수 없이 해야 하는 회의라면 효율적으로 진행할 수 없을까요. 회의를 주재하는 상사의 능력에 따라 불필요한 시간을 많이 줄일 수 있다고 생각해요. 한 사람씩 돌아가면서 말하게 하지 말고 언제든 자유롭게 끼어들게 한다든지, 회의 시간을 사전에 정해서 흐름을 빠르게 가져간다든지, 회의 목적을 분명하게 공지해서 목적성을 명확히 한다든지. 이러면 회의에 대한 거부감이 좀 줄어들 것 같아요.

상사 그래요, 모두 공감 가는 내용입니다. 회의 때문에 정작 실무 처리를 못 한다면 그건 분명히 개선이 필요한 상황 같네요. 앞으로 회의할 때 더 신경을 써야겠어요.

그런데 회의는 주재하는 사람의 원맨쇼가 아니에요. 회의에 참석하는 모든 사람의 노력에 따라 소모적일 것 같은 회의도 생산적으로 재탄생할 수 있어요. 대표적인 게 바로 다른 팀원들의 실무 경험을 배우는 거예요. 훌륭한 경험이라면 벤치마킹을 할 수 있고, 아쉬운 경험이라면 타산지석으로 삼을 수 있고요. 그러니까 자신의 업무와 관련 없는 얘기라고 멍하니 있을 게 아니라, 나라면 어떻게 했을지를 상상할 수 있는 거죠.

언뜻 나랑 무관한 얘기인 것 같고, 마냥 소모적인 것만 같은 내용도 사실은 소모적이지 않다는 걸 직원들이 알아줬으면 좋겠어요. 결국 같은 팀이고, 같은 회사 사람들인걸요. 어떤 업무가 됐든 겹치는 내용이 있을 수밖에 없어요. 그러니 보다 열린 마음으로 전향적으로 회의에 참여하면 본인에게도 큰 도움이 될 거예요.

summary

1 어쩌면 잦은 회의는 상사가 조바심 났다는 증거. 상사도 위에서 쪼임을 당하는 존재다.

2 팀 회의는 시야를 넓힌다. 알고 보면 모든 업무는 서로 얽혀 있다.

3 사실 소모적이기만 한 회의는 없다. 회의를 생산적으로 소화하는 것도 능력이다.

LINK 1 회의 때 아이디어 안 내는 부하의 속마음 ⋯→ p.126
LINK 2 지시가 아닌 설득을 하는 전략 ⋯→ p.246

슬기로운 회의 시간 활용법
진짜 비밀 팁 9

회사 생활에서 회의 시간이 차지하는 비중은 상당하다. 회의는 크게 두 가지 상황에서 개최된다. 조직 내 주요 상황을 공유하거나 쟁점 관련 미래 방향을 정하기 위해 집단지성을 발휘해야 할 때다. 상사는 효율적인 회의 개최 바이블을 숙지하면 되지만, 부하는 통보받은 회의를 무작정 참아내는 것 말고는 대안이 없다. 다행히 회의적인 회의 시간을 쓸모 있게 변모시키는 비법이 있다.

첫째, 좋은 인상을 심는 기회로 활용하자. 꿔다놓은 보릿자루처럼 회의에 임하다 보면 집중하기가 어렵다. 꾸벅꾸벅 조는 눈치 없는 이는 되기 싫고 메가 에너지 쏟아가면서까지 헌신하고 싶지 않다면 질문을 던져보자. 질문을 잘하는 것도 능력이기에 큰 노력 없이 회의에서 빛나는 이가 될 수도 있다. 무작정 질문을 던지기보다 제안자나 발표자의 언급에 대한 가벼운 칭찬을 곁들이면 좋다. 긍정적인 피드백 이후에 질문이 이어지기 때문에 좀 더 성의 있는 답변을 들을 수 있다. 질문은 논의 사항을 경청하고 있다는 방증이기에 회의가 좀 더 원활하게 진행되는 데 도움이 된다.

둘째, 말하기 방식을 배우는 기회로 삼아보자. 사람이 지닌 내재적 역량은 외재적으로 표출되는 말을 통해 표현된다. 조직에서 통용되는 전문용어를 정확하고 풍부한 어휘로 표현하는 직원은 유능해 보인다. 건강한 조직이라면 이런 유능한 이들이 상사로 자리 잡고 있을 것이다. 간부급 회의에 배석해서 상사들의 보고 스피치와 발표 기법만 경청해도 보고 실력을 끌어올릴 수 있다. 게다가 회의는 여럿이 함께하는 자리이기 때문에, 반면교사로 삼아야 하는 대화 스타일과 롤 모델로 삼고 싶은 화법을 한꺼번에 접할 수 있는 소중한 시간이다.

셋째, 보고서 작성 노하우를 쌓는 기회로 만들어보자. 통상 회의에는 두툼한 보고서가 함께 깔리게 마련이다. 보고서를 작성할 때 흔히 저지르는 오류는 내가 알고 있는 것과, 조사한 것을 모조리 담는 것이다. 하지만 상사는 자신이 궁금한 것이 충실하게 담겨 있는지가 궁금하다. '안물안궁(안 물어봤고, 안 궁금하다)' 보고서가 되지 않으려면 보고받는 상사 입장에서 궁금한 것을 상사가 알고 싶은 순서대로 기록해야 한다.

일반적인 보고서는 추진 배경을 설명하고 주요 내용을 말하고 향후 계획을 보고하는 방식으로 구성하기 마련이다. 추진 배경에는 상사의 지시와 관련한 맥락을 밝히고, 주요 내용에는 각 꼭지별로 상사가 궁금해하는 내용부터 제시한다. 박스 안에 내용을 담거나 볼드 처리, 글자 색을 달리하면 가독성이 높아진다. 결론을 눈에 띄게 보여주고 이런 결론을 선택하게 된 근거와 구체적으로 그 결론을 어떻게 추진할지에 대한 상세 내용 순으로 보고서를 작성하면 일단 합격점이다. 회의가 지루하다면 회의 자료가 상사나 회의 참석자의 시선에서 얼마나 알차게 구성되어 있는지 분석해 보는 시간으로 활용하자.

05

그거 시킨 지가 언젠데

아직도야!

···일을 시켜도 제대로 처리하지 못 하는 부하에게

B과장: 우리 A사무관님은 일 처리가 너무 느려.

A과장: 얼마나 느린데?

B과장: 지난주까지 다 했어야 하는 걸 오늘까지 잡고 있더라고. 근데 객관적으로 봤을 때 그렇게 오래 걸릴 일이 아니거든?

A과장: 명확하게 언제까지 달라고 하지 그랬어.

B과장: 명확하게 지난주 금요일까지 달라고 했어! 근데 물어보면 아직 못했다는 거야. 그래서 일단 한 데까지 보자고 했는데 정말 거의 하나도 안 되어 있더라고. 진짜 답답하다.

아무리
시간이 없다고 해도

부하 상시 업무만으로도 빠듯한데, 현안은 왜 이렇게 터지는 건가요. 정신없이 일한다는 말이 딱 맞아요. 그런데 정말 억울한 건, 이렇게 일을 해도 일 처리가 느린 직원으로 여겨진다는 거예요. 아니, 무언가 지시를 했다고 해서 그 즉시 업무가 딱 되는 건 아니잖아요.

분명히 저는 쉴 새 없이 일을 계속하고 있는데, 얼마 되지도 않아서 아까 얘기한 거 다 했냐는 질문을 들으면 얼마나 억울한지 모르겠어요.

상사 일을 지시한 지는 한참인데 도통 소식이 없으면 정말 갑갑합니다. 참다 참다 물어보면 아직도 다 안 됐다고 해요. 다른 업무를 하느라 미처 못 했다나요. 물론 직원 한 명이 담당하고 있는 업무가 종류도 많고 양도 많다는 건 잘 알고 있어요. 게다가 업무 시간이라고 해서 100% 지시한 일만 하기는 어렵죠. 일을 하다가 중간중간에 동료의 질문이 들어올 수도 있고, 다른 팀에서 업무 협조 요청이 들어올 수도 있죠. 민원 전화가 올 수도 있고, 예고 없이 민원인이 직접 찾아올 수도 있어요. 이런 휴지(休止) 기간을 생각해 보면 주어진 업무 시간 중 7~8할 정도만 본 업무에 쓸 수 있을 거예요.

우선순위를
잘못 매긴 거 아닌가

상사 그렇지만 업무가 많고 시간이 부족하다는 것이 지시한 일을 지지부진 처리하는 것에 면죄부를 주지는 못해요. 관리자가 실무자에게 지시한 업무의 진행 상황을 물어봤다는 건, 그 업무를 처리할 만한 시간이 이미 지났기 때문이에요. 그럼에도 불구하고 일의 진행이 더디다는 걸 알게 되면, 관리자는 실무자의 업무 역량이나 성실성에 의문을 갖게 됩니다.

부하 일 처리가 늦어진 원인을 실무자에게서만 찾는 건 조금 가혹한 일인 것 같아요. 실제로 많은 경우, 관리자 탓이기도 하니까요. 예를 들어 상사가 당장 급하지 않은 일을 지나치게 많이 시킨 경우, 꼭 필요한 일을 할 시간이 부족한 건 당연해요. 관리자가 해당 업무가 실무적으로 처리되기 위해 필요한 시간을 잘못 가늠하고 있을 수도 있고요. 평소 업무 분장을 제대로 하지 못해 특정 직원에게 업무 부하가 걸려 있을 수도 있죠.

상사　쓸데없든 그렇지 않든 업무가 너무 많이 몰려 있다고 칩시다. 그 경우에도 업무 처리가 늦어졌다는 것에서 실무자 잘못이 없다고 말하긴 어려워요. 왜냐하면 업무에는 우선순위라는 게 있을 텐데, 상사가 찾을 때 업무가 되어 있지 않았다는 건, 우선순위를 잘못 매겼다는 뜻이니까요. 업무를 전체적으로 파악하고 있었다면, 우선순위를 올바로 매길 수 있었을 겁니다.

업무 처리 능력과
판단력을 키운다면

부하　실무자와 관리자는 접하는 정보부터 달라요. 상사가 참석한 회의 결과나 정보를 알려주지 않으시면 실무자는 해당 업무의 상황이나 우선순위를 판단하기가 어렵습니다. 일을 언제까지 처리해야 한다고 명확히 이야기를 해주시는 게, 일을 처리하는 입장에서 정말 큰 도움이 됩니다.

상사 업무 내용과 기한을 분명하게 이야기하는 것이 의사소통을 제일 깔끔하게 하는 방법인 건 맞죠. 그렇지만 이는 임시방편에 불과하다는 생각도 듭니다. 그 정도로 상세하게 지시를 하면, 어느 누가 지시 내용을 이해하지 못하겠어요. 모두가 쉽게 알아들을 수 있죠. 그런데 그렇게 업무를 처리하는 건, 마치 상사의 손발이 되어 수동적으로 일하는 것밖에 되지 않잖아요. 본인 스스로 업무에 대해 이해하고 우선순위를 고민해야 업무적으로 판단력이 높아질 거라고 생각합니다. 아울러 본인의 업무 능력을 높이려는 노력도 동반되어야 하고요.

앞서 이야기했다시피, 상사는 자신이 지시한 업무

를 수행할 만한 시간이 지났다고 생각될 때, 그 자료를 찾는 거잖아요. 만약 실무자가 다른 일을 하지 않았는데도 지시받은 업무를 마무리하지 못한 거라면, 관리자가 업무 소요 시간을 잘못 계산했거나, 실무자가 업무를 효율적으로 처리하지 못한 거죠. 전자라면 시간이 더 필요하다고 말해야 하겠지만, 후자라면 더 나은 업무 처리 방식이 무엇일지 고민해야 합니다. 업무 능력을 충분히 향상시키고, 많은 고민과 경험으로 업무에 대한 판단력까지 갖추게 된다면, 아무리 담당하는 업무가 많고 다양할지라도 일 처리가 느리다는 소리는 듣지 않을 거예요.

summary ————————————————————————————

1　시간이 부족하다는 건 어쩌면 핑계. 이만하면 다 했겠지 싶을 때 물어본다.

2　진짜 문제는 잘못된 우선순위. 우선순위를 제대로 매겼다면 중요한 업무부터 했을 텐데.

3　업무의 중요성을 읽는 눈과 업무 능력을 키우자. 상사의 지시만을 기다리는 건 수동적인 일의 노예인 꼴.

————————————————————————————

LINK 1 효율적으로 중간보고 하는 법 ⋯ **p.38**
LINK 2 무례한 상사와 일의 언어로 소통하는 법 ⋯ **p.98**

실수하거나 문제가 생길 때 대처하는 법
진짜 비밀 팁 10

일하다 보면 실수를 하거나 문제 상황에 직면하게 된다. 완벽한 사람은 없는지라 실수는 불가피하다. 모든 변수를 사전에 통제하는 것도 불가능하기에 예기치 못한 문제도 빈번하게 발생한다. 실수를 하거나 문제가 생겨도 어떤 태도로 대처하느냐에 따라 평가가 갈린다. 대부분 상사는 실수와 문제에 민감하고 신속하게 반응했기에 그 자리까지 오를 수 있었다. 부하 눈에는 별것 아닌 것처럼 보이는 실수나 문제도 상사 눈에는 크게 느껴지는 법이다. 이런 일이 생긴 것만으로도 마음에 걸리는데, 실수나 문제를 심드렁하게 넘기려는 부하를 만나면 의아함을 넘어 괘씸하다고 여길 수 있다. 상사에게 개념 없는 직원으로 찍히지 않으려면 다음 세 가지만 유념하자.

첫째, 변명 대신 개선책을 제시하라. 자신의 잘못 때문에 실수를 하게 된 게 아니라면 억울한 마음에 변명부터 하고 싶을 거다. 하지만 부하가 실수를 방어하는 태도부터 보이면 상사는 부하가 스스로의 실수에 관대하다고 오해하게 된다. 실수를 A가 했는지, B가 했는지는 상사의 관심사가 아니다. 어차피 상사의 책임 관할 아래서 실수가 초래됐으니 상사 또한 자신의 상사에게 질책을 받는다는 부담은 그대로다. 이 상황에서 나 때문이 아니라고 발뺌하는 모습은 비겁한 부하라는 이미지만 남긴다. 상사가 짊어져야 할 부담을 함께 나누며 똑같은 실수를 앞으로 어떻게 개선할지에 초점을 맞추는 게 든든한 부하의 모습이다.

둘째, 문제 상황은 해결책과 함께 보고하라. 문젯거리가 가득하기에 상사는 늘 고단하다. 이런 상사에게 또다시 새로운 문제를 던지는 부하가 예쁠 수만은 없다. 단, 문제와 함께 현명한 해결책까지 함께 보고한다면 질책이 누그러질 수 있다. 모든 문제에 대해 상사가 깊이 있게 고민하고 지혜로운 방안까지 내놓는다는 것은 쉽지 않다. 이럴 때 문제를 처리하기 위한 두세 가지 실무 의견을 제시하면 의사 결정에 대한 상사의 부담은 급감한다. 해결책별로 장단점까지 분석해서 보고하면 상사의 시선이 달라질 수 있다. 진심이 통하면 문제를 초래하는 골칫덩이 부하 대신 난관을 극복하는 덕장으로 이미지 쇄신도 가능하다.

셋째, 상사의 피드백을 적극적으로 구하라. 실수나 문제를 일으키면 대부분 상사는 잔소리나 꾸중을 한다. 마음 약한 상사는 어색해지는 상황이 싫어서 피드백을 꺼리기도 한다. 그런데 두 경우 다 문제다. 중요한 것은 똑같은 실수나 문제를 반복하지 않는 건데, 혼만 나거나 아무런 피드백을 받지 못하면 부하는 나아질 수 없다. 부하가 스스로 깨닫고 개선하는 것도 필요하지만, 상사는 부하가 보지 못하는 지점까지 살필 수 있기에 상사의 피드백도 중요하다. 용기 내서 상사에게 피드백을 요청해 보자. 구체적으로 무엇을 어떻게 개선하고 보완하면 좋을지 의견을 구하고 조언대로 실천해 보자.

06

뭐?

다른 일이 있어서 깜빡했대?

∴ 일에 몰입하지 않는 부하에게

A과장: 후….

B과장: 왜 그래 즐거운 점심시간에?

A과장: 내가 A사무관님한테 분명히 2주 전에 B 사안 관련 유관 부처 진행 상황과 입장을 조사해 달라고 부탁했거든. 그런데 지난주에 물어보니까, "네?" 하면서 처음 듣는 것처럼 반응하더라고. 솔직히 이때부터 좀 언짢았지만, 마음을 가다듬고 다시 부탁했지.

B과장: 그런데?

A과장: 이번에도 조사를 못 했다는 거야. 아니 왜 못 하는 거지? 지금 특별히 현안이 있는 것도 아닌데. 못 한 게 아니라 안 한 게 분명해 보이는데 꼰대라고 할까 봐 화도 못 내겠고, 내 속만 타들어간다.

도대체
프로 정신이 없네

상사 솔직히 말하면, 요즘 친구들이 입에 달고 사는 워라밸이라는 말부터 마음에 안 들어요. 극소수의 워커홀릭을 빼고 누군들 저녁 시간을 안 갖고 싶겠느냐 말이죠. (다수의 조사 결과에 의하면 뉴비와 시니어 모두 회

사에 가장 바라는 점으로 칼퇴 보장, 자유로운 연차 사용 등 워라밸을 꼽았다.)

천 번쯤 양보해서 칼출칼퇴는 그렇다 치고 연차 사용도 그렇다 칩시다. 그래도 최소한 회사에서 월급을 받아먹고 사는 사람들이잖아요. 그러면 아마추어가 아니잖아요. 프로잖아요. 프로라면 프로 정신은 가지고 있어야 하는 것 아닌가요? 워라밸이요? 요즘 친구들을 보고 있으면 전혀 균형이 맞지 않아 보여요. 일에는 요만큼도 몰입하지 않고, 회사에서도 온통 다른 생각만 하고 있어요. 라이프가 워크를 먹고 있어요. 일이 아닌 생활에만 잔뜩 무게가 실려 있다고요.

부하 프로답게 일하라는 말을 선배나 상사로부터 종종 듣기는 해요. 그런데 그런 말은 옛날 사람의 잔소리 그 이상도 이하도 아니에요. 말이 좋아 프로 정신이지 사실상 회사만 생각하라는 거잖아요. 내일 해도 되는 일이지만 내일 해야겠다며 퇴근하면 아마추어인거고, 굳이 야근하면서 꼭 오늘 끝내면 프로인건가요? 주말

에 끙끙거리며 아이디어를 짜내서 월요일 아침에 멋
들어지게 내놓으면 프로인거고, 회사 일을 잠시 잊고
나만의 주말 시간을 보내면 아마추어인가요? 대체 언
제 적 프로 정신인가요? 물론 맡은 업무에 대해 책임
의식을 가지고 최선을 다해야겠지만, 회사 일을 잠시
잊고 나만의 주말을 보낼 수 있었으면 좋겠어요. 어느
순간부터 업무가 삶의 전부가 되어가는 것 같아요.

사실 그거
깜빡한 게 아니라고?

상사   시대가 달라졌다는 건 인정합니다. 나보다 회사를 중
       요하게 여기던 때는 지났죠. 개인적으로 청춘의 대
       부분을 회사와 함께 보낸지라, 요즘 후배들이 인생을
       즐기는 걸 보면 참 부러워요. 그런데 지시한 일을 깜

빡했다는 건 너무하지 않나요? 주말에 문자를 보낸 것도 아니고, 퇴근 이후에 전화를 한 것도 아니에요. 근무시간에 사무실에서 지시한 일이고, 그 일의 경과를 다시 근무시간에 사무실에서 물어보는데, 깜빡했다는 답을 들으면 정말 부글부글 끓습니다.

시대가 시대인지라, 이제는 수시로 진행 상황을 확인하기도 눈치가 보여요. 한참 전에 지시한 일이라도 자꾸 물어보면 독촉하는 걸로 느껴질까 봐 조심스럽기도 하고, 참을성 없는 상사로 소문날까 봐 두렵기도 해요. 직원을 믿고 꾹 참고 있었지만 지시를 잊고 있었다는 대답을 들으면 참 속상합니다.

부하 상사 입장에서는 조금 충격적인 고백일 수도 있겠는데요, 사실 상사에게 깜빡했다고 말했을 때, 속된 말로 뭉갠 경우(지시를 받았음에도 불구하고 별도의 보고 없이 지시 받은 업무를 일부러 하지 않는 것)도 있어요. 상사의 지시 내용이 불필요하거나 긴급성이 떨어진다고 생각했지만, 굳이 의견 다툼을 하지 않기 위해서 상사 앞에서는 알겠다고 하고 뒤돌아서면 안 하는 거죠. 또는 너무 많이 지시하셔서 일단 아이디어 차원에서 던지는 건지 실제로 지시하는 건지 헷갈릴 때도 있고요. 상사는 회의하는 자리에서 이것저것 구두로 지시하면 그만이지만, 실제로 행동하고 처리하는 실무자 입장에서는 해야 할 게 너무 많단 말이죠. 괜히 쓸데없는 데 힘만 뺀 꼴 나기가 싫어서 안 하고 있었던 거예요. 그런데 상사가 다시 그 업무를 찾는다고 하면 그제야 '아, 이거 진짜 하라고 하시는 거구나'를 확인하고 시작을 하게 되는 거죠.

지시를 했는데
왜 뭉개는 거야?

부하 만약 일을 할 수 있는 상황이라도 상사의 지시를 말도 없이 뭉개는 건 명백한 잘못이라고 생각해요. 그런데 실제 업무 환경은 그렇지 않은 경우가 많잖아요. 당장 해결해야 할 일이 넘쳐나는데, 실무자 입장에서 어떻게 모든 지시를 알아서 척척 해낼 수 있겠어요. 야근이나 주말 근무를 하면 가능할 수도 있겠지만, 그건 불가피한 경우에 예외적으로 하는 거고, 기본적으로는 근무시간에 처리 가능한 업무만 주시면 좋겠어요. 업무의 중요성이나 시급성을 고려해서, 지시 중 일부를 후순위로 미루는 건 타당한 거죠.

상사 실무자는 본인의 업무만 진행하고 있기 때문에, 아무래도 전체적인 시야는 상사보다 넓기가 어려워요. 상사가 무언가를 지시할 때마다 말싸움하기가 쉽지 않을 거라는 건 이해하지만, 그래도 말도 없이 뭉개느니 개괄적인 방향이라도 협의는 필요할 것 같아요. 하다못해 기한 정도라도 의논해 볼 수 있지 않을까요? 그러면 상사 입장에서도 답답함이 덜할 테고, 직원 입장에서도 급한 일을 우선 처리하면서 여유를 갖고 상사의 지시 사항을 추진할 수 있을 테니까요.

참, 일을 추진하면서 중간보고를 해주는 센스도 챙겨

주면 좋겠어요. 일이 진행되는 과정을 보니 불필요한

일이구나 싶으면, 상사도 지시를 거둘 수 있으니까요.

summary

1   라이프에 워크가 잡아먹히는 건 워라밸이 아니다. 일과 생활은 모두 중요하니까.

2   사실 깜빡했다는 것 중 진짜 깜빡한 건 얼마 안 된다. 몰래 뭉개고 있는 경우가 대부분.

3   툭 까놓고 얘기하는 게 윈윈일 수도 있다. 상사도 안 답답하고, 직원도 맘 편하고.

LINK 1 야근 없이 성과 내는 법 ⋯ p.112
LINK 2 뭉개지 못한 업무에 대해 이야기할 때 ⋯ p.170

SECRET TIP

내 안의 노사관계 경영하는 법
진짜 비밀 팁 11

회사 안에만 상사와 부하가 있는 게 아니다. 내 마음속에도 상사와 부하가 있다. 가슴 안 상사는 부지런히 일해서 성과를 내고 인정을 받으라고 닦달한다. 한편 부하는 일은 최소화하고 여유 있는 삶을 누리라고 종용한다. 내 속의 상사와 부하 간 분쟁을 조정하는 것은 회사 내 인간관계만큼이나 중요하다.

첫째, 마음이 불편하거나 몸이 불편하도록 하자. 회사인으로 오래 버티려면 마음이나 몸 중 하나만 불편한 상황을 만들자. 마음과 몸이 모두 불편하고 온갖 스트레스에 치이며 일만 하게 되면 조직은 기뻐할 테지만 정작 자신이 오래 버틸 수 없다. 그렇다고 마음과 몸이 모두 편한 날이 오랫동안 이어지면 일 안 한다고 미운털이 박혀 직장을 잃게 된다. 피할 수 없는 야근과 주말 근무가 이어지더라도 마음만은 황폐해지지 않도록 멘탈 관리가 필요하다. 몸이 힘들 때는 마음이라도 편하게 해야 김 빼지 못한 압력솥처럼 솥뚜껑 날아가는 상황을 방지할 수 있다. 반대로 일이 조금 여유가 있어 체력이 넘치면 마음에는 팽팽한 긴장감을 인위적으로라도 불어넣을 필요가 있다. 일을 통해 성장을 도모하는 집단인 회사에서 느슨하게 일을 하면 존재감이 사라지고 자존감이 낮아지기 십상이다. 이럴 때는 마음의 끈을 살짝 조여 내공을 쌓으며 바빠질 미래에 대한 대비책을 차근차근 세워두자. 과하지도 않게 너무 부족하지도 않게 균형을 잡는 것은 내 몫이다.

둘째, 오늘의 나와 내일의 나를 화해시키자. 현재와 미래는 구조적으로 갈등과 긴장을 초래한다. 현재의 자유를 만끽하면, 미래의 자유는 대개 제약된다. 반면 미래에 더 나은 나를 위해서라면 현재의 자유를 잠시 보류해야 한다. 늦잠과 뒤바꾼 새벽 기상이라는 규율은 역량 제고에 필요한 추가 시간을 확보하게 해준다. 운동이라는 규율은 다소 무

리한 일정이라도 버틸 수 있는 체력을 선사한다. 자신의 가
치관과 성향을 고려해 현재와 미래의 투쟁에 개입하자. 관
행과 규율이라는 새로운 일상 사이에 적정 수준의 균형점
을 찾으면 내 마음속 노사관계가 좀 더 평화로워진다.

셋째, 아무 때나 굳센 의지를 보이지 말자. 우리의 의지
력의 총량은 정해져 있다. 의지력은 무한대로 샘솟는 화수
분이 아니다. 내 의지력을 과대평가하고 사소한 데 의지력
을 먼저 써버리면 정작 업무를 할 때 쓸 수 있는 의지력이
얼마 남지 않는다. 삶의 일상마저 끊임없이 고민하며 시간
을 써버리면, 일의 노예 신세를 면하기 어렵다. 장시간 근
무에도 내세울 만한 결실이 없다면 의지력 가출 상태에서
일한 것은 아니었는지 되새겨보자. 인생에서 우선순위가
낮은 항목을 시스템화해서 에너지를 아끼고 그 힘을 중요
한 활동에 투자해야 한다. 의지력이 쓸데없는 곳으로 새지
않도록 설계하면 필요할 때 필요한 만큼의 집념과 끈기를
발휘할 수 있다.

07

꼭 내가 찾아야만

보고를 하나?

: 진행 상황을 보고하지 않는 부하에게

A과장: 내가 사무관 때는 독촉당하는 게 싫었어. 그래서 최대한 독촉 안 하고 기다려주려고 했거든? 근데 이건 너무하는 거 아냐? 내가 안 물어보면 어떻게 일이 진행되고 있는 건지 통 얘기를 안 해!

B과장: 그러니깐 말이야. 안 물어보면 안 궁금한 줄 아나 봐. 우리 옛 과장님들이 독촉하는 이유가 있었나 봐.

A과장: 나는 베스트 과장 그런 거 포기했어. 나 이제 궁금하면 기다리지 않고 그냥 다 물어볼래. 참기 힘들어.

B과장: 그러다가 너무 독촉한다고 워스트 과장 되는 건 아닐까.

요즘 신입들,
눈치 안 보는 거 맞아?

상사 밀레니얼세대의 가장 큰 특징 중 하나가 눈치 안 보고 할 말 하는 거라고 하는데, 정말 그런지 잘 모르겠어요. 안 할 말까지 하기는커녕, 필요한 중간보고조차 제대로 안 하는 사람들이 너무 많단 말이죠. 사실 대부분의 관리자는 조직에서 중간관리자예요. 즉, 중간관리자도 언제든 상사의 질문에 대답할 준비를 하고 있어야 한다는 뜻이죠. 예를 들어, K과장의 상사가 K과장에게 행사의 진행 상황을 물어봤다고 합시다. 중간보고를 받지 못한 K과장은 상사의 질문에 대답할 수가 없어요. Y사무관은 K과장을 바보로 만들어버린 거예요. 물론 상사 역시 누군가에게 부하라는 사실을 체감하기 어렵다는 건 알지만, 자기를 바보로 만드는 부하가 예뻐 보이지만은 않죠.

부하 상사에게 밉보이고 싶은 부하는 없어요. 누구나 상사에게 잘 보이기 위해 노력한 적이 있잖아요. 그러니까 요즘 신입들도 상사에게 잘 보이기 위해서 눈치를 본단 말이죠. 사무관이 상사에게 중간보고를 하지 않은 건, 상사를 바보로 만들기 위해서가 아니라 상사의 눈치를 보기 때문일 거예요. 해당 보고 내용이 지나치게 사소한 거라고 본 거죠.

상사는 언제나 부하보다 바빠 보여요. 특히 다루는 업무의 무게는 부하의 업무에 비할 바가 아니죠. 그러니까 너무 사소한 거라고 생각하는 진행 과정은 미주알고주알 보고하지 않게 돼요.

그건 결코
사소한 보고가 아니야!

상사 바로 그 점에 대해서도 얘기하고 싶어요. 보고 내용이 중요한지 아닌지는 관리자가 판단할 문제이지, 실무자가 판단할 문제는 아니라고 생각해요. 상사는 인내심이 짧아요. 높은 자리로 올라갈수록 인내심은 반비례하죠. 업무 시간은 정해져 있는데 업무의 범위는 넓어지기 때문이에요. 그러니까 부하가 보고하는 내용이 너무 사소해서 불필요하다는 생각이 들면, 보고 중간에 다음 내용으로 넘어가자고 얘기할 거예요.

사소한 내용을 보고하는데 상사가 끝까지 경청하고

있다? 이건 그 상사가 착하고 선하기 때문이 아니라, 보고한 내용이 사소하지 않았던 거예요. 예컨대, 중요한 보고서 작성을 지시했는데 상사의 의중도 제대로 확인하지 않고 중간보고마저 과감하게 생략해 버리면 일은 일대로 하고 문제만 생길 수 있어요. 상사가 원할 때 짠하고 완성된 보고서를 내놓고 감동을 주고 싶었을 수도 있지만, 그 보고서가 상사가 지시한 방향과 맞지 않으면 아예 처음부터 다시 작성해야 하니까요.

아무것도 하지 않고 시작 단계부터 그저 과장의 입만 바라본다면 물론 무능해 보일 수 있어요. 하지만 지금까지 진행한 걸 점검받기를 원하는 부하는 전혀 무능해 보이지 않아요. 그건 꼭 필요한 중간보고죠. 관리자 입장에서 중간보고는 지나친 게 부족한 것보다 나아요.

보도, 보안,
그리고 보고

부하 그렇지만 스스럼없이 상사에게 보고하러 가는 건 아
직 어려운 걸요. 과장님이 다루는 업무에 비하면 보
고 내용은 너무 보잘것없는 것 같아서 민망하기도 하
고, 어제도 보고했는데 오늘 또 하는 건 너무 자주 보
고하는 것 같고…. 어떻게 하면 중요한 내용만 쏙쏙
뽑아서 효율적인 보고를 할 수 있을까요?

상사 관리자 입장에서 중간보고는 과유불급보다 다다익
선에 가까워요. 굳이 먼저 찾지 않아도 스스로 와서
진행 상황을 알려주는 게 얼마나 고마운지 몰라요.
회사에 처음 입사했을 때, '3보'를 명심하라는 말을
들었어요. 회사 생활에서 제일 중요한 게 '3보'라는
말이었는데, 바로 보도, 보안 그리고 보고였죠. 그만
큼 실무자가 파악한 걸 관리자에게 보고해서 정보를

공유하는 건 중요한 일이에요. 보고를 효율적으로 하는 건 다음 문제죠.

보고할 때 상사가 제일 관심 있어 하는 건, 딱 두 개예요. 하나는 내가 내린 지시를 어떻게 이행할 것인지. 또 하나는 이 보고가 상사에게 어떻게 도움이 되는지. 문제는 부하 입장에서 이 둘을 판단하기가 어렵다는 거예요. 가지고 있는 정보의 범위나 시야에서 상사를 따라가기 힘드니까 말이죠. 부하가 판단할때, 상사에게 도움이 되지 않는 내용 같아서 보고를 하지 않았는데, 알고 보니 꼭 필요한 정보일 수 있어요. 이건 결국 주요 사항 보고 누락이죠.

어떤 것이 상사가 알고 싶어 하는 내용이고, 상사에게 도움이 되는 내용인지는 결국 업무 경험이 해결해줄 수밖에 없어요. 바꾸어 말하면, 업무 경험이 적은 실무자 입장에서는 효율적인 보고를 하기가 너무 어렵다는 것이죠. 그러니까 민망해하지 말고, 자주 보고를 해줬으면 좋겠어요.

summary

1　사소한 보고도 사소하지 않다! 상사도 상사의 상사 눈에는 실무자. 업무 진행 상황은 알고 있어야 한다.

2　진짜 사소한 보고는 상사가 멈춘다! 사소한지 아닌지는 상사가 판단하니, 일단 보고하자.

3　보고는 과유불급이 아니라 다다익선! 상사는 보고를 고마워한다! 민망해하지 말고 당당히 보고하러 가자.

LINK 1 보고를 받은 적이 없다고 우기는 상사 ···▶ p.31
LINK 2 효율적으로 중간보고 하는 법 ···▶ p.38

08

지금 자네

나를 가르치는 건가?

: 상사를 무시하는 부하에게

A과장: B과장, A사무관님하고 소통하려면 꽤나 힘들겠던데.

B과장: 안 그래도 요즘 너무 힘들어. 그런데 어떻게 알았어?

A과장: 지난번에 회의 같이 들어왔을 때, 별다른 근거도 없이 자기 의견만 내세우더라고.

B과장: 회의 때만 그런 게 아니라 과에서도 그래. 다른 직원도 다 있는데, 내가 지시할 때마다 잘 몰라서 그렇다면서 늘 안 된다는 이야기만 하거든. 휴, 정말 어떻게 대해야 할지 고민스러워.

무례한 건
어떤 경우에도 손해

상사   당당한 것도 좋고, 자신 있는 것도 좋아요. 그런데 예의 없는 건 그 어떤 경우에도 장점이 되기 힘들죠. 똑같은 콘텐츠를 들고 오더라도, 매너 있는 사람이 더 유능해 보이는 건 어쩔 수 없어요. 직장에는 이상한 사람이 많아요. 사회의 축소판이니까요. 통계적으로 따져도 별별 사람이 있을 수밖에 없어요. 세 명만 모여도 그중 한 명은 이상한 사람(세 사람이 있으면 반드시 내가 배울 만한 사람이 있다(三人行必有亞師))이라는데, 회사는 그보다 훨씬 많은 사람이 있으니까요. 그리고 이상한 사람이 내 상사인 경우도 부지기수죠.

그렇다고 상사가 느낄 정도로 티 나게 무시하는 건 부하로서 절대 바람직한 태도가 아닙니다. 상사와의 관계가 악화되면 본인에게도 치명적이니까요. 주변에서도 그걸 모를까요? 다 알아요. 상사를 무시하는 사람이라고. 그러면 회사에서 소문이 안 좋게 날 테죠. 무례한 사람을 좋아하는 사람은 없으니, 어쩌면 사회생활에서 가장 중요한 평판에 큰 손해를 보는 거죠.

상사의 말에 무조건 맞장구치라는 얘기가 아니에요. 예스맨(어떤 부탁이든 거절하지 못하고 예스를 말하는 사람. 거절을 어려워하는 착한 바보의 뜻으로 많이 사용된다)이 되라는 얘기는 더더욱 아니고요. 상대방을 존중하면서도 얼마든지 일을 할 수 있잖아요. 태도와 말투를 친절하고 상냥하게 하는 것만으로도 훨씬 좋은 평가를 받을 수 있을 텐데요.

상사를
존중하는 척이라도

부하 말은 쉽지만, 그건 결국 상사의 말을 무조건 따르라는 소리와 별반 다르지 않아 보여요. 예를 들어, 상사가 내린 지시를 그 자리에서 바로 반박하지 않으면 결국 새로운 일만 떠안게 경우가 많아요.

상사 업무를 지시하거나 팀 내의 업무를 나눠서 지시하는 건 상사 고유의 영역이에요. 상사의 영역 안에서는 상사를 존중하는 '척'이라도 하는 게 좋습니다. 상사도 똑같은 인간이라는 걸 잊지 말아주세요. 그들의 자존심에 흠집을 내면, 감정의 갑질이 이어질지도 몰라요. 결정했던 일을 번복하거나, 불필요한 회의에 배석하라고 시키거나, 하다못해 말투나 업무 태도를 지적할 수도 있죠. 옳고 그르고를 떠나서, 현실적으로 그렇게 행동하는 상사가 있는 건 인정해야 해요.

상사가 새로운 업무를 지시했다고요? 바로 그 자리에서 반박하거나 상사를 논리적으로 이기려고 하지 마세요. 대화는 승패를 나누기 위한 결투가 아니에요. 우선 검토하겠다고 대답한 뒤, 한 템포 쉬고 다시 이야기해 보세요. 절제는 상사와의 대화에서도 꽤 유용한 스킬입니다.

부하   일단 검토해 보겠다고 하면, 결국 그 일을 뺄 수 없는 상황이 되어버리는 경우가 많아요. 저는 단지 검토하겠다고만 했을 뿐인데, 과장님은 수용하겠다는 대답으로 오해하고 대외적으로 일을 추진해 버리기도 하잖아요. 결국 그 자리에서 담판을 짓지 못하면 설득하기가 더욱 어려워져요. 그래서 실무적으로 어떤 어려움이 있는지를 그 자리에서 바로 말씀드리려고 하는 거예요.

일이 많고
마음이 급한 건 모두 같다

부하 말투가 문제라면 고치는 게 맞겠죠. 회사에서는 항상 바쁘잖아요. 안 그래도 마무리해야 하는 일이 넘치고 넘치는데, 가뜩이나 마음이 조급한 상황에서 실무적으로는 전혀 가당치도 않은 일을 벌리시는 모습을 보면 아무래도 급하게 말을 하게 되는 거죠.

상사 상사 입장에서도 마찬가지예요. 업무가 많고 급하기 때문에 충분히 설명하고 설득하기가 힘든 경우가 많아요. 실무자는 본인이 담당하는 업무 입장에서 판단할 수밖에 없지만, 상사는 관리자로서 종합적이고 총괄적인 판단을 하게 되죠. 우리 팀의 다른 업무도 생각하고, 나아가 다른 팀에 미치는 영향까지 고려하게 되죠. 그런데 안 된다며 상사를 다그치는 직원은 대부분 본인이 맡은 업무에 매몰된 사고를 한 경우예요.

그러니까 상사가 그냥 일방적으로 밀어붙인다고 생각할 수도 있겠지만, 사실은 우리도 바쁘고 힘들어서 자세한 얘기를 못 할 뿐이에요. 실무자의 상황을 속속들이 알지 못하는 무심한 상사처럼 보일 수 있겠죠. 감정을 표현하는 상황도 이해해요. 하지만 마음을 나누는 태도가 정말 중요하죠. 날것 그대로의 기분을 분출하면 상사도 당황스러워요. 상사가 뭘 모른다는 듯 취급하며 마치 가르치려는 듯할 때도요.

상사도 사람인데 어떻게 자신의 감정을 건드린 사람에게 중립적으로만 대응하겠어요. 완급 조절 없이 상사에게 의견을 피력하면 그 영향이 자신에게까지 미칠 수 있어요. 하다못해 상사는 연가를 비롯한 직원의 근태 관리자라는 걸 잊지 말고, 절제의 기술을 발휘했으면 좋겠어요.

summary ────────────────────────────

1   태도와 말투는 본인의 평판에 직빵. 내 평판이 나빠지면 결국 내 손해.

2   상사를 기분 나쁘게 하면 직원은 더 나빠진다. 감정의 갑질을 당하고 싶지 않으면 미리 신경 써야 한다.

3   한 템포 쉬는 절제의 기술을 발휘하자. 즉흥적인 대응은 별로 도움이 되지 않으니까.

LINK 1 무례한 상사와 일의 언어로 소통하는 법 ⋯ **p.98**
LINK 2 상사와 부하가 업무로 대립각을 세울 때 ⋯ **p.246**

꼰대가
되고 싶지 않아

1차만 하면

괜찮지 않을까?

: 회식을 제안할 때

A과장: 우리 과는 회식을 한 번도 안 했는데 이번에 해야 할까? 그런데 우리 과는 젊은 사람이 많잖아. 회식 싫어할 것 같은데.

B과장: 어떻게 한 번도 안 할 수가 있어? 1차는 괜찮지 않을까?

A과장: 우리 과는 점심도, 저녁도 같이 안 먹는단 말이야. 우리 과에서는 1차만 하는 것도 큰일이야.

B과장: 그럼 더더욱 한 번쯤은 해도 되지 않을까?

혼밥이
더 좋은데요

부하 요즘 사람들은 퇴근 후 저녁 시간을 정말 소중하게 생각해요. 물론 자기 시간을 안 좋아하는 사람이 어디 있겠냐고 할 수도 있죠. 그렇지만 지금은 예전과 분명 달라졌어요. 예전에는 그냥 저녁 시간을 갖고 싶다는 소망만 가졌다면, 요즘은 그걸 적극적으로 쟁취하죠. 눈치가 보이지만 용기 내어 정시 퇴근하는 직원들을 보면 예전과 다르다는 걸 분명 느끼실 거예요. 저녁 시간을 뺏는 것은 그 자체로 싫어요. '어차피 밥은 먹어야 하니까'라는 핑계를 대며 식사만 같이 하자는 상사들도 있죠. 이렇게 되묻고 싶어요. 왜 저희가 굳이 상사랑 밥을 같이 먹어야 합니까. 그냥 집에서 편하게 혼밥하고 싶은데요. 배우자도 자녀도 친구도 같이 밥을 먹어주지 않아서 직원을 찾는 게 아니냐는 우스갯소리가 진실처럼 통용되고 있다는 걸 아는지 모르겠어요.

상사 신입 직원끼리 모이면 그런 얘기 많이 하죠. 대체 상사가 왜 그러는지 모르겠다고. 업무 현장을 알면 도저히 내릴 수 없는 지시를 내리곤 한다고. 그런데 말이죠, 장담컨대 상사가 실무 상황을 모르는 것보다, 실무자가 상사 상황을 더 몰라요. 그래도 상사는 과거에 경험이라도 했지, 상사를 경험한 실무자는 없잖아요.

그래서 상사는 오해도 많이 받아요. 대표적인 게 바

로 회식이죠. 상사는 회식을 좋아하는 줄 아는데, 절
대 그렇지 않아요. 의외로 회식 좋아하는 상사는 드
뭅니다.

회식이 불편한 건
모두 같다

상사 물론 오랫동안 회사에만 헌신해서 함께 저녁을 먹을
사람이 없는 상사도 있겠죠. 게다가 몇 년 새 중앙 부
처가 대거 세종시로 이전하면서 의도치 않게 주말부
부가 된 상사도 있죠. 그런 경우라면 누군가와 함께
밥을 먹고 싶다는 생각에 직원들에게 회식을 제안하
는 게 맞습니다. 그런데 일부가 그렇다고 해서, 모든
상사가 다 그런 것처럼 오해하면 안 된다고 생각해
요. 저만 해도 가족들과 밥 먹는 게 더 좋답니다.

상사에게도 회식은 큰 부담입니다. 젊은 친구들이 회식을 좋아하지 않는다는 건 이미 공리(公理)가 된 지 오래예요. 게다가 금전적으로도 타격이 커요. 상사가 껴 있는 회식 자리에서 어떻게 부하 직원에게 돈을 내게 하겠어요. 결국 상사가 지갑을 열어야죠.

게다가 흥이 올라 늦은 시간까지 2차, 3차라도 했다고 합시다. 회식비도 회식비지만 부하들 택시비 챙겨 주는 것도 꽤 큰돈이 나가요.

그렇다고 회식 자리에서 즐겁기만 하냐면 그것도 아닙니다. 상사 근처에 앉기를 좋아하는 사람은 없잖아요. 항상 옆자리와 앞자리가 가장 늦게 차는데, 혼자 뻘쭘하게 앉아 있는 마음이 얼마나 안 좋은지 아실까 모르겠어요. 업무 얘기를 안 하면 대화에 끼기도 어려워요. 직원들도 대화 소재 찾느라 고생하는 게 보이고요. 이런 상황에서 어떻게 상사가 회식을 좋아만 할 수 있겠어요.

팀원들과 라포(rapport. 의사소통에서 상대방과 형성되는 친밀감과 깊은 신뢰감)도 쌓고 조직 내부 분위기를 다지기 위해 견디기 일쑤라고요.

어차피
비대면 시대인데

부하 거꾸로 한 가지 말씀드릴 게 있어요. 앞서 한 이야기
와 모순된다고 느끼실 수도 있는데요, 사실 회식에
대한 선호는 사바사(사람 by 사람. case by case에서 유래
한 말로 사람마다 다르다는 뜻)이기도 해요. 상황에 따
라, 상사에 따라, 개인 성향에 따라 회식 자리를 좋아
하는 경우도 있습니다. 물론 이런 경우는 많지 않기
때문에, 만약 회식 자리에서 즐거워 보이는 직원을 발
견했다면, 그 사람은 진짜 즐겁다기보다 회식 자리를
망치지 않기 위해서 즐거운 척을 하고 있을 가능성도
있죠.

회식 자리의 순기능을 전부 부정하는 건 아니에요. 업무를 하다가 서운한 일이 쌓인 동료와 마음을 푸는 자리가 되기도 하고, 상사에게 평소 궁금했던 걸 묻기도, 하고 싶었던 얘기를 슬쩍 건네기도 하죠. 인간적으로 친분이 쌓이는 느낌이 들어서 일할 때 은근 도움이 되기도 해요.

하지만 요즘 세대는 회식이 득에 비해 실이 너무 큰 행사라고 생각해요. 한번은 직장 동료랑 저녁을 먹기로 했는데 갑자기 상사가 저녁 식사를 하자고 하는 거예요. 그래서 저희는 일단 선약이 있다고 한 다음에, 몰래 시간 차이를 두고 사무실을 나가서 약속 장소에서 만난 적도 있답니다.

그렇지 않아도 비대면 시대를 거치며 전통적인 회식은 지양하는 문화가 정착되고 있는 것 같아요. 굳이 이렇게 반발이 큰 회식을 해야 하나 싶은데, 차라리 오찬 간담회나 업무 중 티타임 같은 걸로 대체하면 어떨까 해요.

summary

1   1차만 하는 것도 싫기는 마찬가지. 조금 싫은가 많이 싫은가 차이
정도랄까.

2   사실 상사도 회식이 부담스럽다. 돈 내면서 왕따 당하는 기분.

3   회식을 대체할 무언가를 찾아보자. 어차피 비대면 시대라 회식도
제대로 못 할 텐데.

LINK 1 스몰토크 잘하는 법 ⋯→ **p.204**
LINK 2 얼마큼이나 친해져도 되는 걸까 ⋯→ **p.215**

02

둘만 있으면

무슨 얘기를 하지?

: 부하와 일상 얘기를 할 때

CONVERSATION

A과장: B과장은 사무관님이랑 둘이 출장 갈 때 많지?

B과장: 그렇지.

A과장: 안 힘들어?

B과장: 왜 힘들어?

A과장: 어색해 죽을 것 같아. 그래서 내가 90% 말하거든. 에너지를 너무 소모해서 출장 갔다 오면 목이 쉴 것 같아. 근데 이미 내 이야기를 다 해서 이제 말할 게 없어. 이제 무슨 말하지?

B과장: 대학교 때 얘기했어?

A과장: 고등학교 때까지 했지. 아, 다음번에는 중학교 때 얘기를 해야겠구나.

상사도 부하와
둘이 있으면 어색하다

부하　자주 있는 일은 아니지만, 상사에게서 호감이 느껴질 때가 있죠. 대표적인 게 바로 상사의 인간적인 모습을 볼 때예요. 얼마 전에 상사와 둘이 엘리베이터를 타게 됐는데요, 하필 1층부터 20층까지 그 긴 시간 동안 아무도 탑승을 안 하는 거예요. 그때 상사가 먼저 아이스 브레이킹(둘 이상이 모여 있는 자리에서 아무도 발언을 하지 않음으로써 생기는 침묵의 시간을 깨기 위해 나서서 말을 하는 등의 행위)을 하기 위해 이것저것 질문을 하는 게 인상적이었어요. 둘이 있으면, 상사도 어색함을 느끼는구나, 부하 직원이랑 이야기하기 위해 노력을 하는구나 싶어서 괜히 마음이 갔네요.

상사　직원과 둘이 일상적인 얘기를 하기가 참 어렵더라고요. 무슨 책을 봤더니, 직원들 앞에서는 말을 줄이라고 하더라고요. "입은 닫고 지갑은 열어라. 그러면 존경받는 어른이 되어 있을 것이다." 그래서 한동안 말을 안 했는데, 아니 직원들은 제 앞에서 저보다 더 말을 안 하더라고요. 그래서 어색한 침묵만 이어지곤 해요.

부하　에이. 입을 닫으라는 표현이 진짜 아무 말도 하지 말란 소리는 아니죠. 본인 이야기를 줄줄 늘어놓거나,

잔소리를 하지 말라는 뜻이잖아요. 둘이 어색하게 있
을 때, 먼저 질문을 던져주면 훨씬 편해요. 오히려 아
무 말도 안 하면 뭔가 잘못했나 싶어서 불안합니다.

이야깃거리 찾기도
참 어려운데

상사　듣고 보니 상사 역시 비슷한 감정을 느끼는 것 같아
　　　요. 또래 직원들이랑 있을 때는 이렇게 발랄한 사람
　　　인가 싶을 정도로 신나서 수다를 떨던 사람이 둘이
　　　있을 때는 입을 꾹 다물고 있더라고요. 혹시 얼마 전
　　　에 내린 업무 지시가 너무 과도했던 건가 괜히 찔리
　　　기도 하고, 그냥 나라는 사람을 안 좋아하는 건가 싶
　　　어서 혼자 속상해하기도 하고 그렇습니다.

부하 상사에게 먼저 말문을 열기가 정말 어렵더라고요. 차라리 업무 얘기면 얼마든지 길게 할 수 있어요. 굳이 보고하지 않은 세세한 내용이라든지, 그간 있었던 업무 진행 상황 등 이야깃거리가 넘치거든요. 그런데 사적인 이야기는 자칫 선을 넘어서 무례한 사람이 될까 봐 조심스러워요.

상사 이 부분 역시 서로 똑같네요. 아무래도 상사는 상대적으로 옛날 사람이기 때문에 요즘 직원들의 감성과 맞지 않은 이야기를 던질 수가 있거든요. 특히 밀레니얼세대는 공정성을 중요시한다는데 까딱 이야기가 삐끗하면 예민한 소재를 건드릴까 봐 무서워요. 성인지 감수성과 관련된 얘기도 그렇고 개인적인 얘기는 꼰대 소리 들을까 봐 못 꺼내겠어요. 제가 직원일 때는 상사들과 이야기했던 소재들을 지금은 써 먹을 수가 없으니, 말할 게 아예 없어진 수준이랄까요.

사실 직급이
문제가 아닐지도

부하 사실 같은 세대라 할지라도 사람마다 생각도 성향도 다 다르기 때문에, 누군가와 이야기하는 건 언제나 어려운 것 같아요. 결혼을 소재로 이야기하는 것도 그래요. 집에서 부모님이 언제 결혼하냐고 물어볼 때도 사람마다 받아들이는 게 다르잖아요. 누군가는 굉장히 부담스럽고, 결혼하지 않은 게 죄를 지은 것처럼 느껴진다고 하는데, 개인적으로 저는 아무렇지도 않거든요.

상사가 말할 때도 마찬가지예요. 결혼했냐, 만나는 사람은 있냐 같은 말들은 상대방에 대한 관심으로 받아들일 수도 있을 것 같아요. 결혼을 의무처럼 생각하고, 결혼하라는 잔소리를 위한 포석으로 한 질문이면 모를까, 나쁜 의도가 아니라면 충분히 꺼낼 수 있는 이야기라고 생각해요.

상사 요약하자면, 이야기 소재를 선택하는 데 조심해야 하는 건 맞지만, 꼭 상사와 부하이기 때문에 대화하기 어렵다고 생각하지는 않아도 되는군요. 상사나 부하의 문제가 아니라 어떤 사람끼리 대화를 하느냐의 차이인 거니까요.

부하 맞아요. 보통 상사에게 들었을 때 스트레스인 이야기는 상사가 아닌 가족이나 동료가 해도 충분히 스트레스를 받을 만한 이야기인 경우가 많으니까요. 그래도 부하와 대화를 할 때, 상대의 위치는 계속 배려해 주시면 좋겠어요. 안 그래도 구조적으로 명령하는 위치인데, 대화에서도 그런 분위기가 나는 건 좋지 않을 것 같아요.

summary —————————————

1   질문을 던져주는 상사가 좋다. 상사의 왕년 자랑을 듣고 싶어 하는 직원이 있을까.

2   직급보다 중요한 건 두 사람의 성향. 사람마다 받아들이는 게 다르니까.

3   회사의 직급을 대화의 갑으로 가져오지 말자. 명령하고 명령받는 건 회사 업무로 충분.

—————————————

LINK 1 얼마큼이나 친해져도 되는 걸까 ⋯ **p.215**
LINK 2 어디까지가 세대 차이일까 ⋯ **p.226**

스몰 토크를 스몰하게 하는 법
진짜 비밀 팁 12

직장에서 대화는 어렵다. 대화 중에 실수라도 하게 될까 봐 언행에 더욱 신중해진다. 그럼에도 적막이 흐르는 공간을 메울 대화는 필요하다. 소통 전문가들은 경청을 강조하지만 경청도 대화 분량을 채워주는 독보적인 인재가 있을 때만 가능하다. 묵언수행하듯 절간 같은 일터에서 스몰토크의 요령 세 개만 터득해서 어색한 침묵을 깨보자.

첫째, 상대방에 대한 관심을 쌓아둬라. 스몰토크가 어려운 건 상대방에 대한 정보가 없기 때문이다. 관심이 없으니 아는 것도 없고 들어도 기억하지 못한다. 결국 이들의 대화는 늘 제자리를 맴돈다. 금요일이면 "주말에 뭐 하나요?"가 질문이고 답은 한결같다. "코로나 때문에 뭐, 집에 있어야죠." 월요일이면 대화가 더 짧아진다. "주말 잘 보냈나요?"

라는 질문에는 "네"가 전부다.

나와 같은 공간에서 일하는 동료에게 조금만 관심을 기울여보자. 가족관계, 애로사항, 취미 등 동료가 처한 상황이나 흥미 분야를 바탕으로 질문을 던지면 좀 더 자연스러운 대화가 가능하다. 처음의 스몰토크는 씨앗을 심어 다음 스몰토크를 위한 새싹을 만든다. 혹시 내 질문이 선을 넘는 건 아닌지 궁금하다면 내 발언의 진의를 살펴보자. 조언도 훈계의 다른 말이다. 훈계를 하고 싶은 저의가 있었다면 위험할 수 있다.

둘째, 대화 나르시시즘을 경계하라. 대화하면서 자주 범하게 되는 실수 중 하나가 '대화 나르시시즘'이다. 사회학자 찰스 더버(Charles Derber)에 따르면 대화 나르시시즘이란 대화의 주도권을 지면서 대화 초점을 자신에게 돌리고자 하는 욕망이다. 자신이 주도면밀하게 의식하지 않고 타인이 알려주지 않는 한 스스로는 이 오류를 범하는지를 인식하기가 쉽지 않다. 동료가 어떤 경험이나 일화를 말할 때 그냥 가볍게 호응하면서 수긍하면 될 것을 자신의 유사한 에피소드를 장황하게 끌어내서 대화 주도권을 빼앗는 것이 대화 나르시시즘의 대표적인 예다. 상대방이 힘들다고 하소연할 때 자신이 가장 고생했던 이야기를 끄집어내서 상대방의 고통을 하잘것없는 수준으로 격하시켜버리는 것도 유의하자. 사람마다 감내할 수 있는 고통의 수준이 다르고 민감하게 받아들이는 지점이 다르다. 이것을 이해하지 못하고 나름 공감을 발휘한다며 자신이 바닥 치면서 고통스러워했던 경험을 꺼내는 순간 분위기는 어색해진다. 스몰토크를 통해 좁히려던 간극이 자칫 더 벌어질 수 있다.

셋째, 통제하고 싶은 본능을 억제하라. 우리는 종종 상대가 묻지 않는 것에 대해 장황하게 이야기하곤 한다. 특히 과장급 이상 상사가 되면 상황을 통제하는 데 익숙해져 더욱 이런 성향을 띠게 된다. 자신이 옳다고 생각하는 고정관념에서 벗어나기가 쉽지 않고, 자신이 생각하는 '정답 인생'을 다른 사람도 살아갔으면 하는 바람이 있기 때문이다. 일상 이야기를 가볍게 나누는 자리에서 너무 과다한 정보로 정보과부하 상황이 초래되지 않도록 하자. 90년대생

은 실시간으로 말하고 들어야 하는 전화 통화보다는 내가
원하는 시간에 확인하고 소통할 수 있는 메신저를 선호한
다고 한다. 이왕 노력을 기울인다면, 올바른 방향으로 힘을
쏟자. 특히 젊은 세대와 소통할 때라면 상대방이 원치 않는
과도한 정보를 주고 있지는 않은지 조금 더 민감하게 분량
과 내용을 체크해 보자.

03

옆에 있는 게

좋은 건가?

: 부하가 야근을 할 때

A과장: 어떡해, 어떡해.

B과장: 왜 그래.

A과장: 우리 사무관님 일 너무 많이 해. 야근 1등이야.

B과장: 조금만 시켜!

A과장: 근데 과에 일이 진짜 너무 많단 말이야. 어떡해, 내가 도와줄 수 있는 업무도 아닌데. 너무 미안하니까 같이 야근해야 할까?

B과장: 과장이 같이 있으면 불편하지 않을까?

A과장: 나는 옛날에 과장님이 같이 계셔주시면 좋던데. 요즘은 다른가?

그냥 들어가기는
미안한데

상사 시대가 빠르게 변하고 있다는 말은 어렸을 때부터 지겹도록 들어온 말이지만, 요즘은 정말 그 변화의 폭과 속도가 예전과는 비교할 수 없을 만큼 어마어마한 것 같아요. 그렇지만 예나 지금이나 변하지 않는 것도 분명히 있다는 생각도 들어요. 예를 들면 "좋은 상사는 없는 상사"라는 말 같은 거요. 상사가 출장이라도 간 날이면 무두절(無頭節)이니 어린이날이니 하며 신나한다는 소리를 들었어요. 100% 이해하지만 마음 한편에 서운함이 드는 게 스스로도 참 웃기더라고요. 그렇지만 부하가 야근을 할 때는 상황이 좀 다른 것 같아요. 사실 소속 직원이 야근할 때, 마음이 편한 상사는 아마 없을 거예요. 직접적이든 간접적이든 부하의 야근에는 상사의 책임이 있으니까요. 어쨌든 업무 지시를 한 사람이 상사이니까 말이죠. 사무실에 남아 야근을 하는 직원을 놔두고 상사가 혼자 퇴근하는 건 좀 아니지 않나요?

그런데 한편으로는 상사가 없어야 비로소 조용한 사무실에서 효율적으로 일할 수 있다는 말을 들은 적도 있어요. 옆에 있는 게 좋은 건지, 그냥 퇴근하는 게 맞는 건지 헷갈리네요.

부하 사무실을 조용하게 하거나 혼자 업무하는 환경을 만들어줄 수 있는 건, 사실 상사의 결정만으로 해결되는 건 아니죠. 예를 들어, 같은 사무실을 사용하고 있는 옆 팀이 현안 때문에 단체로 야근하고 있는 상황이라면, 상사가 퇴근하더라도 사무실은 조용하지도 않고 혼자 일할 수도 없겠죠.

때로는 그냥 들어가 주는 게

부하　직원이 야근할 때, 상사가 사무실에 함께 있는 것이 좋은지 먼저 퇴근하는 게 좋은지는 정말 케바케(case by case, 상황마다 다름) 같아요. 우선 직원 성향에 따라 다를 수 있어요. 어떤 사람은 상사가 옆에 있으면 제대로 일을 못 한다고 하더라고요. 혼자서는 10분이면 해결할 일인데 상사가 자기 때문에 퇴근을 미루고 사무실에 남아 있으면, 괜히 신경이 쓰여서 1시간이 걸려도 깔끔하게 끝나지가 않는다고 하더라고요. 그런데 저는 조금 달라요. 제가 야근을 할 때, 상사가 같이 있으면 은근히 든든해요. 저를 챙겨준다는 느낌이 들어서 감동적이기도 해요. 상사는 직원을 감시하기 위해 사무실에 남아 있는 게 아니잖아요. 업무를 코치해 주거나 바로 컨펌을 주려고 있는 거잖아요.

업무 상황에 따라서도 다를 수 있다고 생각해요. 어떤 업무를 처리하는 데 있어 관리자의 역할이 필요하지 않은 경우가 있잖아요. 단순 반복 행정 업무처럼요. 분명히 품이 많이 들고, 시간이 오래 소요되는 일이기 때문에 야근까지 해야 하는 경우지만 이 과정에서 관리자의 정책적 판단이 필요하지는 않죠. 반면 보도자료를 작성하거나, 높은 분들의 인사 말씀이나 담화문 같은 걸 작성할 때는 분명히 관리자의 시각에서 검토해 주는 게 필요하죠. 이렇게 필요할 때는 옆에 계시는 것이 분명 도움이 된다고 생각해요.

그리고 조금 잔인한 얘기지만, 상사에 따라 다르기

도 한 것 같아요. 실무자 입장에서 업무를 하는 데 도움이 되는 상사라면 남아서 함께 있어주시는 게 좋긴 하죠. 업무 방향을 잡는 것도 훨씬 수월하고요. 그런데 옆에 있을 때 간섭만 하고, 괜히 직원이 일을 하는지 아닌지 감시만 하거나, 집에 들어가기 심심해서 남아계시는 상사도 있어요. 이런 경우라면 그냥 들어가시는 게 훨씬 나아요.

상사 사실 야근이 없는 게 제일 좋긴 하죠. 야근하는 직원 옆에 남아 있어야 할지 고민하는 자체를 없애는 게 최선일 겁니다. 개인의 능력에 맞는 업무를 배정하고, 특정 직원에게 과부하가 걸리지 않도록 업무 분장을 미세조정(fine tuning)하는 것이 평소 상사가 해야 할 역할일 거예요. 그럼에도 불구하고 때로는 어쩔 수 없는 야근이 생길 수밖에 없는데, 결국 상황에 따라 사무실에 남아 있어야 할지를 결정할 수밖에 없겠군요.

summary —————————————————————————

1   부하가 야근할 때 상사는 고민이다. 먼저 들어간다고 섭섭해하지
       는 않을까?

2   상황에 따라 판단할 수밖에. 직원 성향에 따라, 업무 상황에 따라, 상
       사 능력에 따라.

3   물론 야근은 없는 게 최선. 야근을 안 할 수 있도록 하는 것도 상사
       의 능력.

LINK 1 이왕이면 빛나게 일하는 법 ···▸ **p.66**
LINK 2 칼퇴하는 부하를 보는 상사의 속마음 ···▸ **p.104**

04

얼마큼이나

친해져도 되는 걸까?

: 상사와 부하가 친해질 때

216

A과장: 요 앞에 A브런치집 가봤어?

B과장: 응, 어제 갔다 왔어. 맛있던데?

A과장: 우와, 빠르네. 누구랑 간 거야?

B과장: A사무관님이랑 갔다 왔지.

A과장: 엥, 지난번 과에 같이 있던 사무관님? 친한가 봐?

B과장: 응. A사무관님도 나 엄청 따르고, 나도 A사무관님이랑 잘 맞아.

A과장: 설마, 아무리 그래도 과장은 과장이지.

B과장: 그런 게 어딨어? 과장이랑 사무관도 친할 수 있지.

상사가 나와
친해지고 싶어 한다면

상사 나도 나이가 먹었구나 느낄 때 중에 하나가, 바로 새
로 들어온 직원이 예뻐 보일 때에요. 어쩜 저렇게 젊
고 귀여운지 모르겠어요. 아무래도 상사이기 이전에
사람인지라 그렇게 호감이 가는 직원과는 친해지고

싶은 마음도 크죠. 그런데 요즘 사람들은 일과 생활을 딱 분리한다고 하던데, 친해지려고 해도 될지 고민이에요.

부하 만약 상사가 저와 친해지고 싶어 한다는 걸 알면 일단 기분이 좋을 것 같아요. 직장에서 상사는 언제나 어려운 존재인데, 그런 사람이 나를 안 좋게 생각하지 않는다는 걸 아는 것만으로도 일단 크게 안심이 됩니다.

그런데 한편으로는 부담감도 느껴질 것 같기는 해요. 물론 상사와 인간적인 친분이 쌓인다면 업무를 할 때 더 편해지긴 하겠죠. 하다못해 구두보고를 할 때도 더 편할 거예요. 그렇지만 상사는 어디까지나 상사입니다. 아무리 친하다고 해서 회사 밖 친한 언니 오빠처럼 사생활을 미주알고주알 털어놓을 수는 없어요. 상사와 친해지게 되면 어느 선까지 서로 다가가도 될지 모르겠어요.

어차피 회사에서
계속 볼 사이인데

상사 세상에 좋기만 하거나, 나쁘기만 한 일이 어디 있겠
어요. 모든 것에는 장점과 단점이 다 있다는 건 모두
가 동의하는 진리 아니겠어요? 그럼에도 불구하고,
상사와 친분을 쌓는 건 단점보다는 장점이 훨씬 많은
일이라고 생각해요. 그동안의 회사 경험을 돌이켜 보
면 말이죠. 회사 안에서 만들어진 인연은 인위적이
라는 느낌이 드는 게 사실입니다. 하지만 모든 관계
가 그래요. 대학교 과 선배와 회사의 입사 선배가 다
른 게 뭔가요. 근본적으로 모든 관계는 기가 막힌 인
연이에요. 그래서 제가 아는 어떤 분은 '직연(함께 같
은 팀에서 근무한 인연)'을 최우선으로 꼽으십니다. 직
장 내 3대 파벌이라는 학연, 지연, 흡연보다 같이 손
발을 맞춰보았는지를 더 친다는 거죠.

실제로 퇴사하거나 이직을 한 이후에도 연락을 주고

받을 만큼 가까운 동료가 몇이나 되겠어요. 더군다나 상하 관계로 맺어진 인연이라면 더욱 그렇죠. 하지만 동시에 명심해야 할 건, 우리는 회사에서 보내는 시간이 집에서 보내는 시간보다 많다는 거예요. 회사에서의 인간관계를 회사 밖까지 부드럽게 끌고 갈 때, 회사 생활의 질도 덩달아 올라갑니다. 많은 시간을 함께해야 하는 사람들과 얼굴 붉히지 않고 살아갈 때, 궁극적으로 스스로에게도 도움이 되는 거죠. 친밀한 상사가 내 뒤에서 흘려주는 칭찬은 직장 내 평판에도 엄청난 도움이 되고 말입니다.

친해질수록
워라밸은 어렵다

부하　세상에 좋기만 하거나 나쁘기만 한 일은 없다는 이야기에는 십분 공감합니다. 상사와 친해지는 것 역시 그렇죠. 아무래도 친한 사람에게 한 번이라도 더 눈이 갈 거고, 업무 노하우를 알려주거나, 그 밖의 공식적·비공식적 이득이 많이 있겠죠. 상하 관계로 맺어진 사람이기 때문에 상사와 부하가 친해지면 부하 입장에서 훨씬 더 많은 실리적 이득을 챙길 수 있다고 생각합니다.

그렇지만 누군가가 제게 지금 모시고 있는 상사와 사적으로 친해지겠냐고 물어보면 "아니"라고 대답할 것 같습니다. 때에 따라 밤늦게까지 야근하기도 하고, 주말에 출근하기도 하지만, 전체적으로는 워라밸을 잘 지켜가며 회사 생활을 하고 있다고 생각해요. 그런데 이렇게 하려면 나름 큰 용기가 필요합니다. 예컨대 옆 동료가 야근을 할 때 휙 들어가기도 하고, 다른 사람 업무로 인해 현안이 터져서 상사가 퇴근을 못 할 때 조용히 사무실을 나서기도 합니다. 상사를 포함한 직장 사람들과 적당한 거리를 두고 지낸 것이, 아이러니하게도 지금까지 이렇게 저녁 시간을 지킬 수 있었던 배경 중 하나라고 생각합니다.

만약 제가 야근을 하는 동료나 상사와 개인적으로 친분이 두터웠더라면, 고생하는 그들을 두고 집에 가지 못했을 것 같습니다. 물론 상사에게 뭐 도와드릴 것 없냐고 여쭤봐도 대개 없으니까 퇴근하라는 답을 할 것 같긴 하지만, 이미 그런 질문을 한다는 것 자체가 야근의 위험성을 만드는 거잖아요. 새로운 일을 떠맡을 때도 마찬가지입니다. 친한 상사가 제게 새로운 업무를 좀 맡아달라고 부탁하면, 그걸 어떻게 냉정하게 거절할 수 있을까요. 오히려 적당한 거리를 두면서 일거리를 쳐내는 게 저녁 시간을 지킬 수 있는 방법이라고 생각합니다.

상사 상사 입장에서도 부서에 개인적으로 친한 사무관이 있으면 일할 때 신경이 쓰이기는 해요. 새로운 일이 생겼을 때 친한 사이니 대놓고 거절하지는 않겠지라는 기대를 하면서 친한 사무관에게 먼저 부탁을 하는데요. 아무래도 추가 업무다 보니 미안하고 눈치도 보이고. 상황이 어렵다며 거절이라도 하면 속상한 마음도 들고. 아무래도 회사는 공적인 일을 중심으로 하는 공간이다 보니 사적인 관계가 얽히면 고려해야 하는 요소가 더 많아지는 건 사실이에요.

summary ─────────────────────

1   어느 선까지 친해져도 되는지는 아무도 모른다. 아무리 친해져도 상사는 상사, 부하는 부하.

2   친해질수록 회사 생활에는 이득이 생긴다. 업무 팁, 복무, 평판 등 고품질 직장 생활 가능.

3   친해질수록 워라밸은 안 좋아질 수도. 친해지면 오히려 거절도 못하게 되니까.

LINK 1 회식으로 친해질 수 있을까? ┈┈▶ p.188
LINK 2 어디까지가 세대 차이일까 ┈┈▶ p.226

친해지고 싶은 사람과 친해지는 법
진짜 비밀 팁 13

회사 내에서의 서로 다른 위치는 우리가 지닌 여러 가지 조건 중 하나에 불과하다. 그런데 한국 사회는 이 관계망의 위상을 공간 밖으로 확장한다. 한번 실장은 퇴직을 해도 실장이고, 과장은 직장 밖에서도 과장이다. 위축될 수밖에 없는 조직 내 관계를 바깥까지 연장하는 게 보통은 부담스럽다. 그럼에도 일터도 사람 사는 곳이기에 향기 가득한 원석 같은 존재가 더러 있다. 이런 이들이 내 사적 시공간을 침범한다면 쌍수 들고 환영이다. 어떻게 이들과 가까워질 수 있을까?

첫째, 부탁하라. 통상 사람은 자신이 도와준 사람에게 호의를 갖게 된다. 프랭클린 효과라고 한다. 프랭클린은 자신에게 냉담한 의원이 희귀한 장서를 소장하고 있다는 정보를 접한 후, 책을 이틀만 빌려달라고 부탁했고 이후 의원과 관계를 개선하게 되었다. 우리는 내게 친절을 베푼 이보다 우리가 배려한 당사자에게 더 호감을 가지게 된다는 것이다. '이 사람이다' 싶을 만큼 존경스러운 동료나 선후배를 만났다면, 그들이 부담스럽지 않을 정도의 부탁을 해보자. 그들은 자신도 모르는 새 나에게 호감을 가지게 될 것이다. 물론 도움을 청한 후 안면 몰수하면 친해지기는커녕 염치없는 무례한 사람으로 각인된다. 도움을 받았다면 가벼운 호의를 베풀 차례다. 하다못해 지갑이라도 열어보자.

둘째, 밝아져라. 사람은 의외로 감성적이다. 대충 후줄근하게 차려입고 다니는 동료보다 청결하게 외모를 관리한 동료를 더 선호한다. 전날 밤 숙취 흔적을 역력하게 남기며 깔끔하지 않은 매무새로 출근하는 사람은 아무도 프로답다고 여기지 않는다. 후광 효과를 쉽게 얻는 비법은 웃으면서 일하는 거다. 웃기만 해도 유능하고 매력 넘치는 이로 거듭난다. 웃는다고 우스워 보이지 않는다. 시도 때도 없이 지나치게 심각한 표정을 짓는 게 오히려 무능함의 표상이다.

셋째, 질문하라. 우리는 나에게 관심을 보이는 사람을 좋아한다. 다른 사람에게 관심이 있다는 것을 가장 쉽게 보여줄 수 있는 방법은 질문을 던지는 것이다. 인간관계는 상대방이 어떤 사람인지 파악하는 데서 비롯된다. 질문을 통해 기호와 선호, 취미와 관심 분야를 알게 되면 상대방을 더 편하게 대할 수 있다. 상대방이 좋아하는 것과 공통분모가 있으면 친해지기가 더 쉽다. 유사한 취향을 바탕으로 이야기의 연결 고리를 계속 만들어나갈 수도 있다. 상대방은 질문에 답하는 과정에서 존중받고 이해받는다는 느낌을 가지게 되어 자연스럽게 호감을 쌓게 된다.

05

어디까지가

세대 차이일까?

:: 상사와 부하가 조직문화에 적응할 때

A과장: 나 점점 부서에서 아싸가 되어가는 느낌이야.

B과장: 무슨 말이야?

A과장: 우리 과는 밥 먹을 때 너무 조용해. 자연스럽게 얘기할 게 뭐가 있을까 고민하다가 재미있는 유머가 보이면 메모했다가 몇 개씩 이야기하는데 말하고 나면 분위기가 더 어색해져.

B과장: 노력이 가상하네. 난 그냥 조용히 밥만 먹는데.

A과장: 난 말 안 하고 밥만 먹는 건 어색해서 싫거든. 세대 차이 때문일까? 내가 없을 때는 다들 이야기도 잘하는 것 같은데 나만 끼면 어색한 적막이 흐르는 것 같더라고.

빨라도 너무 빠르게
변하는 문화

상사 세월이 참 많이 변했구나 싶기는 합니다. 처음 조직에 들어올 때만 해도, 공공연하게 상사의 지시에 대한 무조건적인 복종을 강요받았으니까요. 요즘 같은 시대에는 상상도 할 수 없는 일이죠.

생각해 보면 문화라는 건 한순간에 휙 바뀌는 게 아닌가 싶어요. 7~8년 전만 하더라도 육아휴직을 쓰는 남자 직원은 거의 없었거든요. 말도 쉽게 꺼내지 못하는 분위기였죠. 육아휴직을 쓴 남자 직원을 비정상(!)이라고 지칭한 상사도 있었다고 하니까요.

회식 문화도 마찬가지예요. 이 역시 10년도 채 되지 않은 것 같네요. 예전에는 회식이 잦았고, 상사가 회식 소집령을 내리면 거절할 수 있는 분위기가 아니었죠. 선약이 있었던 사람들은 부랴부랴 약속을 취소하기도 했고요. 회식 자리는 또 어떤가요. 술을 강권하고, 빨리 취하자며 폭탄주를 말아먹고. 노래방은 필수 코스였죠. 남자 상사와 여자 직원의 블루스 타임도 빼놓을 수 없었고요.

그렇지만 요즘은 회식하자는 말에 선약이 있다며 거절하기도 하고, 회식 자체도 보통 1차 정도죠. 술은 권하지 않는 분위기에, 2차를 카페로 가기도 하죠. 이 외에도 수많은 문화가 바뀌는 걸 목격해 왔습니다. 빨간색이 분홍색으로 바뀌는 정도가 아니라, 아예 초록색으로 바뀌는 수준이에요.

그런데 문제는 이 변화가 굉장히 급격하다는 점입니다. 그간 조직에서 경험해 왔던 관성이 아직 몸에 배어 있는 데다가 나이를 먹어가며 심리적 유연성이 줄어들기 때문에 빠른 변화를 쫓아가기가 벅차더라고요. 자칫 옛날 사람 티라도 냈다간 꼰대로 찍히기 일쑤고요. 상사들은 회사를 수십 년 다녔지만 아직도 조직문화에 적응하는 중입니다. 너무 몰아세우지 말고, 상사를 이해하려고 해줬으면 좋겠어요. 회사 밖에서 우리는 그냥 옆집 아줌마, 아랫집 아저씨랍니다.

세대와 개인은 다릅니다

부하 세대에 대한 이해는 충분히 중요성을 갖고 있다고 생각해요. 가령 어렸을 때 6·25전쟁을 겪은 세대는 풍요 속에서 탄생한 세대와 비교했을 때 분명히 그들만의 특징이 있겠죠. 자신의 생각을 논리적으로 풀어낼 수 있는 토론식 교육을 받은 세대는 주입식 교육을 받은 세대와 다른 무언가가 있을 거예요.

몇 해 전부터 『90년대생이 온다』가 유행하며 밀레니얼세대에 대한 이해가 높아지고 있는 것 같아요. 저번에 저희 과장님도 이 책을 보고 계시더라고요. 과장님은 저를 보시더니 농담처럼 "김 사무관 이해하려고 읽는다"라고 했어요. 감사한 일이죠.

그렇지만 때로는 숲이 아닌 나무를 봐야 할 때도 있다고 생각해요. 침엽수림에 사는 건 침엽수뿐만이 아니잖아요. 그러니까 각자의 특성을 생각하지 않고, 그냥 "저 세대는 저래"라고 치부하지 말았으면 좋겠어요. 우리 세대 중에서도 진한 회식이 필요하다고 생각하는 사람도 있고 상사의 말이라면 부당하지 않는 한 무조건 따라야 한다고 생각하는 사람들(소위 젊은 꼰대뿐만이 아니라)도 있답니다. '요즘 문화'에 적응하기 힘들어하는 '요즘 세대'가 있다는 뜻이에요. 세대에 대한 이해는 개인에 대한 이해를 위한 도구일 뿐이지, 사람마다의 차이를 무시하는 도구로 변질되어서는 안 된다고 생각합니다.

문화는 만들어가는 것이면서 따라가는 것

부하 문화는 결국 뉴비가 바꾼다는 말이 있더라고요. 조금 더 합리적인 방향으로 조직문화를 이끌 수 있는 건, 조직의 타성에 젖지 않은 새로운 사람이라는 뜻이죠. 일면 타당한 얘기라는 생각은 드는데, 그래도 요즘 사람이라고 무조건 직장 사람 눈치를 안 볼 수는 없죠. 더군다나 우리는 좁디좁은 조직에서 평생을 마주치게 될 동료들이잖아요. 직장 선배도 새로운 문화에 대해 조금 더 열린 마음으로 받아들였으면 좋겠어요.

상사 문화라는 건 참 어려운 부분인 것 같아요. 분명 조직에 소속된 우리가 만들어가는 것이지만, 동시에 문화가 우리의 모습을 결정짓기도 하니까요. 사람 마음이 참 간사한 게, 예를 들어 칼퇴 문화가 정착되면 저 역시 편한 마음으로 정시에 퇴근할 거예요. 그런데 먼저 나서서 근무시간 끝나자마자 퇴근하는 문화를 만드는 선구자가 되고 싶지는 않아요. 그렇게 주목받는 건 회사에서 득보다 실이 많을 테니까요.

부하 우스운 이야기인데, 일부는 세대에 대한 인식을 지능적으로 이용하더라고요. 일부러 옷을 괴상하게 입고, 칼퇴를 넘어 땡퇴(6시 땡 하는 순간 뒤도 안 돌아보고 바로 퇴근하는 것. 칼퇴 기준이 되는 퇴근시간은 사람마다 다르다)를 하죠. 그런 캐릭터를 고착화시키면 결국 주변에서 이해를 하게 된다고 해요. 저 세대 사람들은 원래 다 저렇다고 하면서요.

또 어떤 사람들은 야근을 해야 한다면 사무실에서 야
근을 하는 게 아니라 굳이 업무를 집에 가지고 가서
새벽까지 일하는 경우도 있어요. 초과근무수당을 받
지 않는 건 괜찮아도 야근을 자주 하는 이미지를 만
들고 싶지 않은 거예요.

summary

1   상사도 조직문화에 적응하려고 노력 중이다. 이해해 주자. 조금만
    기다려주자.

2   부하도 조직문화에 적응하기가 어렵다. 요즘 세대라고 모두 요즘 문
    화를 좋아하는 건 아니다.

3   모든 개인은 문화와 상호작용한다. 문화라는 건 만들어가는 것이
    지만 동시에 우리를 만드는 것이니까.

LINK 1 회사 바쁠 때 휴가 쓰는 부하에 대한 상사의 속마음 ┈→ **p.115**
LINK 2 상사를 존중하지 않는 부하와 얘기할 때 상사의 속마음
        ┈→ **p.178**

SECRET
TIP

꼰대스럽지만 유용한 조직 적응법
진짜 비밀 팁 14

대부분 중앙 부처 공무원 노조는 매년 베스트 상사와 워스트 상사 투표를 진행한다. 업무 추진력, 협상력, 소통 역량, 인품 등 여러 면에서 후배에게 골고루 높은 점수를 얻은 베스트 상사는 어떻게 조직 생활을 했을까? 꼰무새 후배가 듣는다면 꼰대같다고 귀를 막을지 모르겠지만 베스트 선배가 전하는 만고불변의 조직 적응 스킬을 딱 세 개만 공개한다.

첫째, 인사(HRM)는 인사(bow)가 90%를 좌우한다. 자고로 인품도 실력인 시대다. 어렸을 때부터 귀에 딱지 앉도록 들어봤을 인사 잘하라는 조언은 직장에서도 통한다. 맡은 일은 성실히 해내지만 복도에서 마주쳐도 웃음은커녕 말 한마디 건네지 않는 쌀쌀맞은 직원은 인기가 없다. 부서 분

위기를 침울하게 만드는 우울한 사람과 일하고 싶은 사람
도 없다. 늘 "안 돼요"만 외치며 동료의 사기를 저하시키는
'NO맨'과 조직의 에너지를 갉아먹는 뱀파이어형 직원도
사절이다.

인사 부서에는 개개인의 소소하지만 디테일한 평판과
정보가 차곡차곡 쌓여 있다. 인재 풀에서도 파레토 법칙은
꽤나 정확하다. 굉장히 뛰어난 상위 10%, 정말 안타까운
하위 10%를 제외한 대부분 직원의 능력은 대동소이하다.
결국 인사를 좌우하는 결정적인 요소는 조직이 선호하는
인재상과 태도를 얼마나 갖췄느냐다. '밝고 긍정적인 인재'
를 선점하기 위해 인사철이 되면 과장들은 부지런히 인사
팀 문지방을 넘나든다. 자신이 한직만 빙빙 돌고 이상한 과
장만 만나는 운 없는 이였다는 생각이 든다면, 냉정하게 본
인을 한 번 돌아보자.

둘째, 남을 뒷담화하면 내 뒷담화로 돌아온다. 일이 힘
든 것보다 동료나 선후배와 사이가 좋지 않아 고충을 토로
하는 경우가 상당히 잦다. 나와 마음 맞지 않아 소통의 엇

박자를 초래하거나 갈등이 지속되면 무의식중에 싫어하는 동료나 선후배에 대한 험담을 하게 된다. 속마음을 털어놓는다며 동료에 대한 불편한 감정을 조심스럽게 나누곤 하지만 세상에 비밀이란 없다. 비밀은 들은 자가 죽어야 진짜 비밀로 남는다는 살벌한 농담을 잊지 말자.

부정적인 언급을 아예 하지 말라는 것이 아니다. 뒷담화는 불평의 일종이다. 자신이 바꿀 수 있는 것에 대해서 품위를 지키며 의견을 개진하는 것은 불평이 아니다. 불평은 현상을 개선할 의지도 없고, 개선하고 싶지도 않으면서 그저 뒤에서 이야기를 하는 것이다. 그 사람의 앞에서 할 수 없는 말은 뒤에서도 하지 않는 게 좋다. 불평하고 부정적인 말을 일삼는 비겁한 습관은 자신의 평판을 갉아먹을 뿐 아니라 언젠가는 본인도 뒷담화의 대상으로 전락시킬 수 있다.

셋째, 진심 담은 칭찬은 언제나 옳다. 칭찬을 아부로 오해하고 부정적으로 받아들이는 이가 있다. 칭찬과 아부를 가르는 기준은 진정성 여부다. 선후배나 동료에게 진심을 담아 칭찬하면 그들과 내가 같은 방향을 바라보고 있다는 확신을 줄 수 있다. 단, 칭찬을 할 때도 유의할 점이 있다. 한국인은 칭찬받을 때 자신이 맺고 있는 관계도 함께 존중받고 싶어 한다. 이런 점에서 "국장님은 예전 세대답지 않게 저희를 잘 이해해 주셔서 좋아요"와 같은 칭찬은 부담스럽다. 선배가 속한 세대를 무시하는 발언을 하면 '언젠가는 나도 싫어하겠지'라는 불안감을 심어주기 때문이다. 관계를 무시하는 칭찬은 자칫 모멸감까지 줄 수 있기 때문에, 칭찬할 때는 속한 그룹도 함께 치켜주면 좋다. "능력치가 뛰어난 우리 김 사무관님, 역시 요즘 세대는 뛰어나네요"처럼 세대를 이해해 주는 칭찬이 효과적이다. 칭찬을 당사자에게만 하지 않고 직속 상사처럼 중요한 사람 앞에서 하면 효과가 더 높아진다.

06

어디까지

첨삭을 해야 하지?.

: 보고서 피드백을 할 때

CONVERSATION

A과장: 아까 우리 과 사무관 페이퍼를 난도질을 했는데, 표정이 너무 안 좋더라.

B과장: 나는 그냥 파일 달라고 해서 고치는데.

A과장: 직접 고친다고? 그건 너무하는 거 아냐?

B과장: 그 사무관한테만 그러는 것도 아니고 모든 과원 페이퍼를 다 내가 고치니까 괜찮아.

A과장: 그래도 사무관 입장에서는 무시당한 느낌일 것 같은데.

B과장: 내가 고치면 좋은 거 아니야? 일도 줄어들고 좋잖아. 어차피 펜으로 첨삭해도 그대로 타이핑하는 거니까, 이왕 해주는 거 내가 타이핑도 해주는 거지.

상사가 직접 보고서를 고치면
기분이 나쁠까?

상사 직급으로 치면 직원은 분명 부하가 맞죠. 업무 지시를 할 대상입니다. 그렇지만 직원은 부하이면서 동시에 입사 후배이기도 하죠. 그렇기 때문에 직원의 업무 능력을 높이는 것도 선배이자 상사의 역할 중 하나라고 생각합니다. 따라서 평소에는 가급적 직원의 보고서에 정성스럽게 피드백을 해주려고 하는 편이에요.

그러나 모든 경우에 친절하게 선배 역할을 할 수 있는 것은 아닙니다. 당장 시급하게 보고서를 올려야 할 때도 있잖아요. 그렇게 급한 경우에는 아예 파일을 달라고 해서 직접 고치기도 하죠. 윗선에 올릴 만큼 수정하기 위해서는 꽤 많은 시간이 걸릴 테니까요. 그런데 이럴 때마다 직원의 감정이 상했을까 봐 걱정됩니다. 아무리 선배고 상사라고 할지라도 누가 자기 글을 다 뜯어고치는 걸 환영하겠어요.

부하 "물고기를 잡아다 주지 말고 물고기 잡는 법을 알려 줘라"는 유명한 잠언이 있잖아요? 그런데 이 말 역시 언제나 진리는 아니라고 생각해요. 어떤 사람은 물고기 잡는 법을 알려주는 걸 원하지만, 또 어떤 사람은 그냥 물고기만 가져다주기를 원할 수도 있으니까요. 이건 직원에 따라 다를 거라고 생각해요. 만약 성취

욕이 높고, 업무를 더 잘하고 싶어 하는 직원이라면 보고서 첨삭을 바랄 거예요. 그런 사람의 보고서를 바쁘다는 이유로 상사가 직접 수정하면 아마 자존심이 상하고 기분이 안 좋을 수 있겠죠. 하지만 업무에 애착이 크지 않고 일의 완성도보다 업무의 효율성에 신경을 쓰는 직원이라면, 상사가 직접 수정하는 방식을 선호할 거예요.

보고서 첨삭에 감사함을 느끼기도

부하 물론 제가 너무 바빠서 상사의 보고서 수정 지시를 다 소화할 여력이 없을 때 상사가 직접 수정해 주면 오히려 감사한 마음이 듭니다. 직원의 업무 상황까지 세세하게 신경 써주는 느낌이에요. 그런데 그렇게

까지 시간적 여유가 없는 상황도 아닌데 하나하나 컴퓨터로 수정하는 모습을 보면, 스스로의 보고서 작성 능력에 대해 비관적으로 생각할 수밖에 없어요. 제게만 그러는 게 아니라 모든 직원에게 다 그래도 기분이 그리 좋지는 않죠.

물론 공들여 보고한 페이퍼에 잔뜩 빨간 펜으로 첨삭(물론 색깔이 그렇게 중요한 것은 아니다)이 되어 있는 경우에도 기분이 안 좋기는 마찬가지예요. 대체 수정할 것이 뭐 저렇게 많은지 힘이 쭉 빠져요. 업무 능력에 대한 자신감이 떨어지고, 수정 업무가 잔뜩 생긴 것에 대한 실망감이기도 하죠. 그렇지만 이건 상사가 컴퓨터로 직접 보고서를 수정하는 것과는 종류가 아예 달라요. 피드백 주신대로 수정하는 것은 어쨌든 직원이 직접 하는 거고, 그 결과 더 좋은 보고서가 나오면, 확실히 무언가 배웠다는 생각이 들기도 합니다.

직원을 위하는 건지 아닌지
직원은 느낀다

상사 최대한 직원의 자율성을 존중하고자 해도, 더 윗선에 보고할 때는 깔끔한 보고서를 가져가야 하니까 어쩔 수 없이 자꾸 수정 지시를 내리게 되더라고요. 직원 입장에서는 짜증이 날 거라는 생각이 들지만, 직원 눈치를 보면서도 어쩔 수 없이 보고서를 고치라는 이야기를 하게 됩니다.

부하 앞서 얘기한 것처럼, 상사의 피드백을 받으면서 업무 능력이 향상된다는 느낌을 받기도 합니다. 따라서 무조건 직원의 자율성만을 존중하는 것이 직원의 기를 살려주는 건 아니라고 생각해요. 상사가 보고서를 꼼꼼하게 본 후 직원의 의견을 따르는 것과 무조건적으로 직원의 보고서를 수정하지 않는 것은 전혀 다르다고 생각합니다. 보고서를 정말 좋은 방향으로 첨

삭해 주는 상사라면, 고치는 과정에서도 배우는 느낌
이 들어 그다지 불쾌하지 않아요. 오히려 감사한 마
음만 듭니다. 문제는 피드백이 명확하지 않고, 지시
사항이 자꾸 이랬다가 저랬다가 한다든가, 수정 사항
을 한번에 얘기하지 않고 찔끔찔끔 얘기하는 경우죠.
이때는 스트레스를 받는 것이 사실입니다. 결국 중요
한 건 직원을 생각하는 상사의 마음인 것 같아요. 직
원을 생각해서 직원에게 도움이 되도록 피드백할 때,
부하는 피드백을 통해 학습하고, 상사에게 감사한 마
음이 들게 됩니다. 그러나 직원을 배려하지 않은 피
드백은 피드백이 아니라 그저 귀찮은 업무 지시에 불
과한 것이죠.

summary ————————————————————

1 부하의 업무 능력 향상도 상사의 역할. 상사는 선배이자 부하는 후배이니까.

2 보고서 첨삭에 느끼는 감정은 사람마다 다르다. 일 욕심 많은 부하는 첨삭을 원한다.

3 중요한 건 직원을 위하는지 여부. 직원을 배려하지 않은 피드백은 귀찮은 업무 지시일 뿐.

————————————————————

LINK 1 늘 보고서부터 작성하라는 상사의 속마음 ⋯→ p.42
LINK 2 상사 눈길을 사로잡는 보고서 작성법 ⋯→ p.85

07

어떻게 하면

지시가 아닌 설득을 할까?

: 상사와 부하가 업무로 대립할 때

A과장: 나도 어쩔 수 없는 꼰대인가 봐.

B과장: 왜? 무슨 일이 있었는데?

A과장: 얼마 전에 새로 맡은 업무를 A사무관님한테 담당해 달라고 부탁했더니 왜 본인이 그 일을 해야 하냐고 꼬치꼬치 따지고 드는데 너무 당황스럽더라고.

B과장: 하긴, 우리 때는 상상할 수 없는 일이지. 과장이 하라면 그저 했으니까.

A과장: 내가 사무관 때는 부당하다는 생각이 들어도 말을 못 했는데. 꼰대처럼 보일까 봐 그냥 하라는 말은 못 하겠고, 참 억울하더라고.

자기 일만 하는 게
언제나 맞을까

부하 직장 생활을 오래 해보진 않았지만, 그래도 몇 명의 상사와 일했거든요. 확실히 같이 일을 해보면 꼰대구나 싶은 분들이 있어요. 그런 분들 특징 중 하나는 본인은 꼰대가 아니라고 말한다는 거죠. 하기야 뭐 진짜 꼰대는 스스로 꼰대인 걸 모르겠죠.

일상생활에서 꼰대인 상사를 모시는 건 그러려니 하겠어요. 그래도 몇 년 정도 회사 밥을 먹었다고 적당히 대꾸하는 나름의 노하우가 쌓이더라고요. 그런데 문제는 업무에 대한 거예요. 야근을 당연시하면서 과한 업무를 준다거나, 동료를 도와야한다면서 옆 사람의 업무까지 넘겨줄 때는 정말 못 참겠더라고요. (대개 성실한 능력자는 손해를 보는 경우가 많다.)

상사   요즘 사람은 본인이 납득이 되어야 움직인다더니, 정말 단순 지시로는 부족하더라고요. 상시 업무의 경우라면 그러려니 하겠어요. 기본적으로 업무 분장은 상사의 권한이지만, 불만이 있다면 서로 의견 교환은 충분히 할 수 있다고 생각해요.

그런데 현안이 터졌을 때, 긴급하게 업무를 처리해야 할 때는 우선 일부터 해야 하는 게 마땅한 순서 아닌가요? 당장 두어 시간 안에 언론에 해명 자료를 뿌려야 하는데, 본인 담당 업무가 아닌데 왜 자기한테 일을 시키냐며 따지고 드는 직원을 볼 때면 머리가 지끈거려요. 가뜩이나 일 때문에 두통이 올 지경인데 말이죠. 그 정도는 회사 생활을 하면서 갖춰야 할 기본적인 센스라고 생각합니다.

일을 싫어하는 건 이해하지만

상사 한 가지 더 말하자면, 사실 평소에도 마찬가지예요. 업무와 관련해서 하위 실무자만 아이디어를 내라는 법은 없잖아요. 새로운 사업 방향이나 꼭지가 떠올라서 직원을 불러 얘기했더니, 아니 글쎄 그 자리에서 얼굴이 벌겋게 달아올라서는 바로 반박하며 달갑지 않은 티를 내더라고요. 시킨 일을 못 하겠다며 말이죠.

일하기가 싫은 건 당연하다고 생각합니다. 세상 누가 일을 좋아하겠어요. 그런데 이렇게 본인의 감정을 추스르지 못한 채 상사와 이야기를 하면, 서로의 심기만 불편하게 만들고 말죠. 추후 검토해 보겠다거나 중장기적으로 추진할 수 있는 방향을 찾아보겠다는 등 얼마든지 돌려서 말할 수 있는 부분 아닐까요. 이렇게 신경질적으로 반응하는 부하를 보면 설득하고 싶은 마음조차 사라집니다. 그냥 권위를 내세워 지시하고 말지 하는 마음이 들어요.

이런 친구들에게 제안하고 싶은 건, 비대면으로 이야기하라는 거예요. 상사와 대립할 것 같은 소재는 차라리 보고서를 통해 이야기하는 게 좋다는 말이에요. 보고서를 작성하면서 본인의 생각도 다시 정리하게 되고, 아무래도 높은 언성으로 이야기하는 것보다는 확실히 톤다운되기 때문이죠.

어쩔 수 없이
생기는 대립

부하 새로운 일을 벌이는 상사는 일반적으로 부하에게 환
영받지 못합니다. 똑부(똑똑하면서 부지런한 사람)보다
똑게(똑똑하면서 게으른 사람)를 더 선호하죠. (이 외에
도 멍부(멍청하면서 부지런한 사람), 멍게(멍청하면서 게으른 사
람)를 더해 사람을 네 종류로 나누곤 한다.) 상사가 제일
좋아하는 부하는 똑부인 반면, 부하가 제일 좋아하는
상사는 똑게, 최악의 상사는 단연 멍부죠. 그래서 업
무 분장과 관련해서 특히 상사와 대립하는 경우가 많
은 것 같아요.

그렇지만 기존 업무에 대해서도 상사와 생각이 다른
경우가 종종 생기기 마련입니다. 실무적으로는 분명
어려운 일인데, 자꾸 무리하게 일 처리를 지시하는
때가 있어요. 상세한 정보나 업무 히스토리를 말씀드
려도 이미 결과는 정해져 있을 때가 많습니다. 이럴

때면 대화를 한다는 느낌이 전혀 들지 않죠. 결국 설득을 포기하고 될 대로 되라는 식으로 업무를 처리하기도 합니다.

상사 중간관리자가 되니 난감한 상황에 처하는 경우가 많더라고요. 밑에서는 안 된다고 하지, 위에서는 하라고 하지. 결국 욕먹는 건 중간관리자예요. 밑에서는 왜 시키냐고 욕하고, 위에서는 왜 이리 더디냐고 욕하고 말이죠.

어느 조직이나 마찬가지겠지만, 임원급 상사는 눈에 보이는 가시적이고 단기적인 큰 성과를 원하는 경우가 많아요. 그런데 이런 일은 기존에 추진해 왔던 업무 방향과 다른 경우가 많죠. 그러면 중간관리자는 어쩔 수 없이 직원에게 새로운 방향을 지시하는 악역을 맡을 수밖에 없습니다.

몇 번이나 말했지만, 상사는 부하에게나 상사일 뿐이지 임원에게는 그 역시 부하입니다. 상사도 모셔야 하는 더 상위 상사가 있는 법이죠. 부하들 눈치를 보느라 업무를 많이 쳐내기도 하지만, 불가피하게 일을 떠안는 경우도 있다는 걸 이해해 주면 좋겠어요. 중간관리자 선에서 바꿀 수 없는 일이 의외로 많답니다.

summary ———————————————

1   분장된 업무보다 중요한 업무. 때로는 분장되지 않은 업무가 더 중요할 수도.

2   업무에 대한 논쟁은 자칫 감정까지 건드린다. 차라리 보고서로 얘기하는 것도 방법.

3   새로운 업무는 어쩔 수 없이 생긴다. 중간관리자 선에서 쳐낼 수 없는 업무가 계속 생긴다.

———————————————————————

LINK 1 지나치게 간섭하는 상사 ⋯▶ **p.78**
LINK 2 무례한 상사와 일의 언어로 소통하는 법 ⋯▶ **p.98**

업무 나누기 게임에서 승리하는 법
진짜 비밀 팁 15

핵심 인재가 되어서 선배보다 먼저 승진하며 만인의 눈총을 받고 세간의 입방아에 오르는 건 부담스럽다. 그렇다고 후배보다 늦게 승진해서 무능력의 대명사가 되는 것도 수치스럽다. 그저 동기와 비슷한 속도로 전진할 만큼만 일하고 싶다. 이런 내게 야근과 주말 근무가 불가피한 거대 프로젝트를 맡으란다. 이럴 때 현명한 반응은?

첫째, 한숨 돌린 후 확답해라. 소소한 여러 꼭지 일보다 굵직한 업무 하나가 내 존재감과 가시성을 높인다. 이런 점에서 조직 내 현안이나 리더 관심 업무를 맡기는 것은 상사가 부하의 역량에 대해 어느 정도 신뢰하고 있다는 방증이다. 일단은 고마워할 필요가 있다. 하지만 추호의 망설임도 없이 무작정 받기만 한다면 워라밸을 희생하며 한동안

짠 내 나는 시간을 이어가야 한다. 이때 쓰라고 만들어진 매직 문장이 있다. "검토해 보고 말씀드리겠습니다." 진중하고 무게감 있는 발언과 함께 얻은 시간 동안 호인이 될지, 호구가 될지 선택하자.

둘째, 못 받겠으면 고백해라. 현재 담당 업무를 처리하면서 가외로 덩어리 큰 미션까지 짊어지라고 지시할 때는 솔직하게 상사와 소통할 필요가 있다. 상사는 부하의 보고 빈도와 일의 규모를 정비례로 생각하는 경향이 있다. 묵묵히 헌신하는 부하의 뒷모습을 열심히 바라보고 감탄사를 연발할 만큼 한가한 상사는 많지 않다. 추가 업무가 생기면 자신과 교류가 적어 상대적으로 일이 적어 보이는 부하에게 일을 맡기는 경우도 잦다. 이미 업무가 포화 상태라 더 이상 일을 떠안을 수 없는 경우라면 지금 추진 중인 일을 규모에 대해 상세하게 토로해야 한다.

셋째, 받았어도 힘들면 호소해라. 새 업무가 욕심나서 냉큼 받았는데 일을 하다 보니 생각보다 업무량이 많아서 허덕이게 된다면 즉시 공유해야 한다. 개인이 처리하는 업무

의 양와 난이도는 당사자 외에는 정확히 알 수 없다. 상사
는 더더욱 모른다. 대부분의 상사는 부하의 그림자 노동을
당연시하거나 구체적으로 알고 싶어 하지 않는다. 자신의
상사로부터 받은 숙제를 처리하는 것만으로도 신경이 날
카롭기 때문이다. 부하가 힘들면 자신에게 하소연할 거라
고 맘 편히 생각한다. 힘들면 힘들다고 솔직하게 상사에게
말해야 하는 이유다. 입이 무거우면 몸은 더 고생하게 된
다. 하는 일의 중요성을 어필하는 것도, 어려움을 피력하는
것도 다 부하의 몫이다.

08

모두가

만족할 수 있을까?

: 승진심사 · 성과평가 · 인사평가를 할 때

CONVERSATION

A과장: 근평 주는 게 이렇게 힘든 일인지 미처 몰랐어.

B과장: 우리 과는 근평 챙길 기수가 한 명 밖에 없어서 이번에는 수월하게 넘어 갔는데 그 과는 사무관이 세 명이나 되니 꽤나 힘들었겠네.

A과장: 고생은 경력이 제일 적은 사무관님이 가장 많았는데, 너무 신임이라 어 차피 근평 잘 줘도 승진에 쓸 수 없으니 미안하지만 과에서는 마지막 순 번 드렸어. 문제는 나머지 두 분인데, 두 분 다 고참인데 능력이나 업무 성과가 엇비슷해서 고민이 많이 되더라고.

B과장: 그래서 어떻게 주기로 결정했어?

A과장: 이번에는 A사무관님 높게 드리고, 다음번에 B사무관님 챙겨드리는 것 으로 따로 말씀드렸어. 아, 힘들다. 근평 고민 안 해도 되는 부서로 내가 옮기고 싶다.

이렇게 작디작은 성과를
자랑해도 될까

부하 매년 때가 되면 인사팀에서 성과기술서니 자체 평가 실적서니 하는 걸 제출하라고 합니다. 원칙적으로는 1년 동안 창출한 성과에 따라 보상이 있다고 하죠. 승

진심사에 반영이 되기도 하고, 성과급에 반영이 되기
도 하고.

그런데 이걸 적어내는 게 참 민망해요. 1년 내내 완벽
한 퍼포먼스를 보여주며 누가 봐도 에이스 역할을 했
다면 모를까, 스스로가 생각할 때도 많은 실수가 있
었는데 어떻게 뻔뻔하게 자기 자랑을 할 수 있겠어
요. 심지어 더 고생한 동료, 더 성과를 낸 선배도 많
은데요. 겸손이 미덕이기 때문에 숨기는 것이 아니
라, 선생님한테 칭찬받으러 쪼르르 달려가는 유치원
생이 되기 싫어서 대충 칸만 채워 인사팀에 제출하곤
합니다.

상사 회사에서 자기 자리에 맞는 역할을 할 때는 몰인간적
으로 행동하는 게 맞다는 생각은 하지만, 관리자도 인
간인지라 어쩔 수 없이 감성에 휘둘릴 때가 있어요.
교사도 유독 예쁜 학생이 있고, 부모도 유독 마음이
가는 아픈 손가락이 있잖아요. 관리자도 마찬가집니
다. 1년 동안 열심히 해준 사람, 지시를 잘 따르며 고

생해 준 사람을 챙겨주고 싶은 마음이 강하게 들죠.

그런데 인사라는 것은 많은 사람들이 지켜보기 때문에 무언가 근거가 있어야 해요. 정작 본인이 적은 성과기술서는 밋밋하기만 한데, 상사가 나서서 챙겨주기 어렵다는 소리죠. 게다가 상사는 실무자의 일을 정확히 파악하지 못할 수도 있어요. 당연히 방향이야 알고 있겠지만, 일을 추진하는 과정에서 실무적으로 얼마나 고생했는지는 알기 어렵단 말이죠. 그러니까 그런 것을 상사에게 어필할 필요가 있어요. 때로 평판은 어필과 정비례하곤 한답니다.

어차피
연공서열 아닌가

부하 사실 업무 성과에 대해서 자랑하지 않는 큰 이유 중

하나가 그동안 조직에서 일하며 체득한 학습된 무기력(learned helplessness. 반복된 실패로 인해 더 이상의 추진력이 사라져버린 심리 상태) 때문인 것 같기도 해요. 어차피 성과를 내봤자, 성과 낸 것을 열심히 적어내고 어필해 봤자, 결국 승진도 성과급도 다 연공서열대로 가는 거 아닌가 싶은 마음이 들어요. 자랑을 해도 신이 나지 않습니다.

상사 조직에서 연공서열이 주요 기준으로 작동하고 있다는 건 동의합니다. 암묵적으로 이번엔 누구 차례인지 셈하기도 하죠. 연공서열은 장단점을 모두 가진 문화이기는 하지만, 요즘 세대가 말하는 공정성과는 거리가 멀기도 하고요. 자랑할 기운이 나지 않는다는 게 이해됩니다.

지금의 조직문화는 과거와는 다릅니다. 특히 연공서열이 아닌 성과를 기준으로 평가하는 문화도 조금씩 확산되고 있다고 생각합니다. 소위 말하는 기수 역전(더 낮은 기수(후배)가 조직 내에서 승진을 먼저 하거나 더

높은 직위에 오르는 것)이 대표적이죠. 과거와 달리 지금
은 기수 역전이라는 말을 꺼내는 게 민망스러울 정도
로 후배 상사–선배 부하 구도가 많이 보이지 않나요.
앞으로 개인의 노력에 대한 평가와 보상은 더욱 합리
적이고 공정한 방향으로 바뀔 것이라고 생각합니다.
어차피 연공서열로 결정되는 거 아니냐는 생각에 상
사에게 성과 어필을 게을리 했다간 변화된 조직에서
자기 것을 못 챙길 수도 있다고요.

모두가 만족하기는
어렵더라도

부하 이러니저러니 해도, 결국 인사는 제로섬게임(zero-
sum game. 게임 참여자 중 누군가의 이득은 곧 누군가의
손해로 귀결되어 참가자 간 득실을 모두 더하면 0이 되는

게임) 같습니다. 모두가 만족할 수 있는 방법이 있기
는 할까요?

상사 관리자 입장에서 인사평가는 정말 어려운 문제입니
다. 어찌 보면, 지극히 행정적인 일에 불과하지만, 조
직 분위기를 결정짓는 핵심이 되기도 하죠. 절대평가
가 아니라 상대평가이기에 누군가는 상대적 박탈감을
느낄 수밖에 없는 구조인데, 그 감정의 화살은 인사 시
스템이 아닌 관리자를 향하는 경우가 일반적이죠.

관리자는 직원을 평가하는 평가자이지만, 동시에 감
정의 화살받이가 되는 희생자이기도 합니다. 초보 관
리자일수록 인사평가를 할 때 저지를 수 있는 오류가
많습니다. 나에겐 없는 능력이 더 커 보이는 개인적
후광효과, 연말의 성과가 연초의 고생보다 인상 깊게
남는 꼬리 효과, 성향이 유사한 직원을 호의적으로
평가하는 유사성 효과. 이런 오류를 많이 저지를수록
직원들의 불만은 커지겠죠. 무조건적인 연공서열식
평가도 문제고, 근속 연수를 아예 고려하지 않은 평

가도 문제가 되긴 마찬가지입니다. 결국 모두가 만족하기는 어렵더라도, 불만을 최소화할 수 있게 노력하는 건 상사의 몫인 것 같아요.

---

summary ─────────────────────

1 성과 뽐내기는 직원의 임무. 말을 해야 상사도 알지.

2 연공서열의 시대는 저물고 있다. 근속 기간 순서로 승진하던 건 이제 옛말이다.

3 불만 적은 인사평가는 상사의 몫. 저지르기 쉬운 오류를 의식적으로 점검하자.

─────────────────────────────

LINK 1 이왕이면 빛나게 일하는 법 ⋯▶ p.66
LINK 2 얼마큼이나 친해져도 되는 걸까 ⋯▶ p.215

Epilogue

지금에야 비로소 보이고, 알게 되고, 느껴지는 것들

과장이 되면 비로소 보이는 것들 – H과장

새내기 사무관 시절, 일이 너무 많고 버거워 감내하기 어렵다고 호소를 했더니 당시 업무 총괄 실장은 이런 자세로는 중앙 부처 본부에서 근무할 자격이 없다고 단호하게 말씀하셨다. "힘들겠구나"라는 위로까지는 아니더라도 따뜻한 격려를 바랐기에 실망스러웠다. 비인간적인 조직문화가 마음에 들지 않아 퇴사를 진지하게 고민했지만 매몰 비용이 아까워 단행하지는 못했다. 다행히 공직 분위기가 바뀌기 시작했다. 직위와 무관하게 서로를 존중하고 워라밸을 장려하는 문화가 서서히 자리 잡았다. 성급하게 이직하지 않기를 잘했다는 생각이 종종 들었다. 과장이 되기 전까지는.

상당수 고위 공무원은 밤에도 주말에도 일한다. 중간관리자인 과장은 실국장 이상 간부의 호출에도 신속하게 응해야 한다. 이 부담을 부서원에게까지 지우지 않으려면 가끔은 과장 본인의 워라밸을 희생해야 한다. 부서원의 업무 로드를 줄여주려면 "안 됩니다"를 호기롭게 외치고 상사의 눈총을 감내해야 한다. 슬슬 불안감이 엄습한다. 본부에 과장 후보자는 넘치고, 과장 자리는 제한적이다. 불성실하거나 무능력하다는 평판을 받으면 한직은커녕 본부 밖으로 밀려난다. 산하 기관이 전국에 산재해 있기에 어디로 전보가 될지 모른다. 그저 주어진 일만 꾸역꾸역 해내는 게 아니라 독보적으로 일하고 기대치를 뛰어넘어야 성과를 낼 수 있다. 문제는 사무관 때처럼 나 홀로 일해서 성과를 낼 수 있는 구조가 아니라는 거다. 과장의 성과는 부서원이 함께 움직여줄 때만 가능하다.

초보 사무관 시절, 일이 너무 많으면 조직이 무조건 틀렸다고 생각했다. 중견 과장이 된 지금은, 일이 많으면 그럴 수밖에 없는 사정이 있을 거라고 생각하게 된다. 그때는 보이지 않았던 것들이 지금은 보이기 때문이다. 부서원을 들들 볶는 꼰대는 되고 싶지 않지만, 본부 밖으로 쫓겨나지 않을 만큼 성과를 내 인정받고 싶었다. 힘 빼고 일하지만 성과 내는 법에 대한 답을 찾고 싶었다. 근무시간 중에 업무에 매진하려면 출근은 덜 힘들게, 일은 덜 지겹게, 퇴근은 더 신나게 만들어주면 되겠다 싶었다. 업무 외에 부서원을 힘들게 하는 것에 대해 고민하다 후배 두 명과 의기투합하게 됐다. 베이비부머 선배와 밀레니얼 후배 사이에 끼어 시행착오 중인 과장을 중심으로 엮었던 스토리를 후배 시선에서 궁금해할 만한 것들로 전면 재구성했다.

책을 쓰면서 내 안에 내재된 꼰대성과 만나게 됐다. 책에 수록된 에피소드에 지나치게 감정이 이입되어 과장의 도가 지나친 발언이 거슬렸다. 극적 요소를 위한 상상의 산물에 불과한데도 완장을 차고 검열하고 싶은 유혹을 떨치기 어려웠다. 과장 모두가 꼰대인 것도 아니고, 함께 일했던 과장님들도 좋은 분이 훨씬 많았는데 이런 부정적인 내용을 담는 게 부담스러웠다. 지혜로운 선배의 조언이라 생각하고 썼는데, 다시 보니 후배가 궁금해하지 않는 것에 대한 장광설 훈계에 불과한 경우도 비일비재했다.

그동안 꼰대 강박증을 갖고 있었다는 것도 알게 됐다. 일하면서 무례한 국회의원 보좌관에 맞서 호통도 쳐보고, 언어폭력을 행사한 언론인에게 단호하게 선 넘지 말라고 경고도 해봤다. 추진 방안에 대해 100% 확신이 있었던 것도 아니면서 반대하는 상사의 말투가 거슬려 내 방안을 완강하게 고집하다 날아오는 결재판도 만나봤다. 20년 동안 일하면서 갑질하는 이들을 꼰대라고 매도하며 나름 소신 행보를 펼쳐왔지만, 나도 사실은 꼰무새에 불과했던 것이다. 그때 보이지 않았던 것들을 누군가 보여줬다면 나도 덜 꼰무새처럼 굴었을 게다.

이 책에 꼰대 과장의 뒷모습과 속마음을 풀어놓게 된 이유다. 책을 완성하는 과정 중에 선배, 동료, 후배 들을 한층 더 이해하게 됐다. 무엇보다 비로소 꼰대 강박증에서 벗어날 수 있었다. 신임 과장 시절, 혹여나 꼰대로 비칠까 봐 두려워 부서원에게 도전적인 과업을 지시하는 걸 꺼려했는데, 후배의 성장을 가로막는 무책임한 과장에 불과했다는 것을 뒤늦게 깨닫게 됐다.

인간은 자신이 존재한 위치에 따라 생각하는 것이 달라진다. 조직 내 위상과 직위가 달라지면 개인의 가치관과 성향이 자연스럽게 달라진다. 변화하는 상대적인 위치에 따라 역할과 책임이 달라지기 때문이다. 우리가 베이비부머 세대를 조직 지향적이라고 판단하는 것은 세대의 특징일 수도 있지만, 그들이 조직 내에서 최상층 관리자이기 때문일 수도 있다. 그 지위가 요구하는 역할기대를 충실하게 이행하는 것에 다름 아닌 것이다.

누구나 꼰대나 꼰무새의 속성을 지니고 있다. 자신의 특별한 경험이 '보편적'이고 '더 나은' 경험이라는 판단 오류는 일반적이다. 자신의 시각에서 상황을 판단하다 보면 나를 힘들게 하는 상사는 꼰대처럼 보이기 마련이다. 다만, 자신의 이런 속마음을 바깥으로 표출하느냐 여부가 꼰대와 꼰무새로 보이는지를 가른다. 이제 애써 부인하지 말고 내 안의 꼰대와 꼰무새를 받아들이자. 다만, 내 생각을 말로, 행동으로 표현하기 전에 상대방의 입장에서 딱 한 번만 생각해 보자. 그러면 최소한 꼰대와 꼰무새라는 오명에서는 자유로워질 거라 믿는다.

공무원이 되니 비로소 알게 되는 것들 – D사무관

공무원이 되고 난 후, 공무원에 대한 인식이 아예 바뀌어버렸다. 밖에서 어렴풋이 짐작했던 공무원의 모습은 전혀 사실이 아니었다. 공무원은 복지부동을 한다든가, 9시 땡출 6시 땡퇴를 하며 워라밸을 즐긴다든가, 자기 마음대로 정책을 주무르며 재량을 남용한다든가. 지금 생각하면 코웃음이 나올 만큼 말도 안 되는 이야기다. 그런데 짐작과 달랐던 건 비단 공무원 개인의 모습뿐이 아니었다. 공직사회에 대해서도 잘못된 편견을 갖고 있었음을 알 수 있었다. 이전에는 공직사회는 정적이고, 수직적이며, 남성적인 문화가 지배할 것이라고 생각해 왔다. 전혀 사실이 아니었다. 오히려 민간 기업과 같이 사업을 할 때마다 마주하는 권위

주의적 문화들에 흠칫 놀랄 때가 많다.

공직사회에 수평적인 문화가 비교적 널리 확산될 수 있었던 것은 조직의 제도적 특성과 공무원 개인의 노력이 잘 맞아떨어진 결과라고 생각한다. 우선 우리나라는 직업 공무원제를 채택하고 있으므로, 자발적으로 공무원을 그만두지 않는 이상에야 어지간하면 수십 년을 한 조직에서 근무하게 된다. 그런데 공무원 사회라는 건 생각보다도 훨씬 좁다. 공정위는 이백 명, 법제처도 이백 명. 부총리 부처라는 교육부도 고작 육백 명 수준이다. 아파트 한 단지 수준도 안 되는, 좁디좁은 곳에서 평생을 근무해야 하니, 당연히 조직 사람들과의 관계는 그 어떤 직장에서보다 중요해진다. 무능력자로 찍힌 직원이나 꼰대라고 소문난 상사가 그 이미지를 벗어나는 건 쉽지 않다.

그래서일까. 옛날 사람들이라지만, 상사는 꼰대가 되고 싶어 하지 않았다. 밀레니얼세대라지만, 직원은 회사 일 역시 잘하고 싶어 했다. 이 책은 그렇게 시작되었다. 좋은 상사로 인정받고 싶어 하는 공무원 한 명과 효율적인 업무

능력으로 효과적인 산출물을 만들고 싶어 하는 공무원 두 명이 만났다. 각자의 입장에서 각자가 할 수 있는 말을 담았다. 자료 수집을 위해 인터뷰한 동료도 수십 명은 된다. 상사의 고충, 후배의 바람, 업무에 대한 꿀팁까지. 다른 사람들이 작성한 원고를 읽는 것만으로도 참 많은 것을 알 수 있었던 시간이었다. 이렇게 소중한 시간을 경험할 수 있게 해준 대표 작가 H과장님께 진심으로 감사의 마음을 전한다.

시중에는 이미 직장 생활에 대한 서적이 다수 나와 있다. 하지만 선후배 공무원들이 모여 익명으로 공무원 사회에 대해 솔직하게 이야기한 서적은 없다. 원고를 쓰면서 새로 배울 수 있었던 경험을 전국의 백만 공무원과 함께 나누고 싶다. 직원이 행복해야 고객이 행복한 것처럼, 공무원이 행복해야 국민이 행복하다고 믿는다. 행복한 사람에게서 행복한 정책이 나올 수 있는 법이니까. 부디 이 책이 공무원을 포함한 국민을 행복하게 하는 데 조금이나마 기여했으면 좋겠다.

책이 출판되니 비로소 느껴지는 것들 – X사무관

점심을 먹던 중 H과장님이 요즘 쓰고 있는 책이 있다면서, 같이 쓰지 않겠냐고 제안을 주셨다. 과장님이 이미 작성해 놓은 초안을 바탕으로 에피소드를 구상하고, 각 장의 부분들을 보완해 나가는 방식으로 진행했다.

그러나 H과장님이 사무관이던 시절의 기억, 그리고 D사무관과 나의 경험만으로는 실감 나는 부하의 말을 채우기에는 부족했다. 그래서 나와 D사무관은 다른 부처에 있는 친구들을 찾아다니며 인터뷰를 했다. 정부가 아닌 다른 조직에서 일하는 친구들의 이야기도 들었다.

생동감 넘치는 이야기를 받아쓴 뒤 편집을 하고 원고를 완성해 출판사에 보냈다. 감사하게도 예문에서 출간하자는 답변을 주셨다. 이후 어찌저찌 책에 대한 일을 거의 잊고 있었는데, 어느 날 에디터님으로부터 수정 사항이 있는지 봐달라는 연락이 왔다. 그리고 깨끗해진 머리와 마음으로 원고를 다시 보았는데, 곳곳에 보이는 부하의 말로 인해 경악을 금치 않을 수 없었다.

'와… 뭐 이런 부하가 다 있지?' '이런 문구가 있었나?'

1년 사이에 내가 좀 더 조직화되었는지는 몰라도, 몇몇 발언들이 너무 눈에 거슬렸고, 무엇보다 "사람들이 내가 이런 사람이라고 생각하면 어떡하지"라는 걱정이 들었다. 나는 당장 형광펜을 들어 거슬리는 문장들을 모두 죽죽 그었다. 그러나 친구들을 만난 후, 결국 그 부분을 다시 되돌려야 했다. "나는 이 부분 공감되는데?"라는 말이 한 번이라도 나오면 해당 부분을 살리는 것으로 했다. 이 책에 등장하는 '부하'는 한 명의 인물이 아니라, 다양한 인물이 가지고 있는 다양한 경험의 집합체다.

독자분들도 혹시 책을 읽으면서 '이건 아닌 것 같은데?'라고 느끼는 부분이 있더라도, 그것은 누군가가 "나는 이 부분 공감되는데?"라고 말했기 때문일 뿐이다. 물론, 누군가가 경험했기 때문에 그 말이 항상 맞다는 것은 아니다. 사람마다 경험이 다르기 때문에 부하의 어떤 말이 너무 꼰무새 같다고 느낄 수도 있고, 상사의 어떤 말이 너무 꼰대 같다고 느낄 수 있음에 충분히 공감한다.

"누가 꼰대인지도 알려주지 않고, 그럼 이 책이 말하고자 하는 것이 뭔데?"

이 책은 그간 소통의 부재로 인해 생각하지 못했던 상사나 부하의 속마음을 소개함으로써 "이런 생각을 할 수 있구나"라고 가능성을 여는 것이지, "이런 생각을 했겠구먼"이라고 단정 짓도록 하는 것이 아니다. '꼰대란 무엇인가'의 문제는 결국 '상사와 부하가 어떤 관계를 맺을 것인가'의 물음과 같은 것이고, 스스로 계속해서 찾아나가야 하는 문제다.

사실 한 조직에 속해 있는 상사와 부하가 이렇게 대화를 하고 그것을 공개하는 시도 자체는 결코 쉽지 않은 일이라고 생각한다. 이러한 대화의 장을 열어주신 H과장님과 나의 게으름을 메꿔주신 D사무관에게 감사드린다.

꼰대 과장 테스트

꼰대 과장 해석력 · 꼰대 과장 적응도 · 꼰대 과장 탈출능력

01. 꼰대 과장 해석력 테스트

Q1. B사무관의 보고를 듣고 있는 P과장. 그런데 보고를 듣는 중간쯤부터 P과장의 표정이 이상하다. 분명 집중해서 사무관의 보고를 듣고 있기는 한데, 영 이해하지 못한 것 같은 얼굴이다. 아니나 다를까, P과장은 자신에게 보고를 마친 B사무관에게 방금 들은 내용을 똑같이 되묻는다. 이때, 사무관이 과장에게 해야 할 말로 가장 가능한 것은?

① 아이고, 과장님. 요즘 몸이 편찮으시다는 소리는 들었습니다. 많이 피곤하시면 먼저 들어가시죠. 특이사항 있으면 내일 아침에 바로 보고드리겠습니다.

② 요즘 주식시장이 난리도 아니긴 하죠. 저번에 묻어두셨다던 주식이 폭망했다는 소문이 들리던데, 상심이 크시겠습니다. 마음에 안정을 찾으시면 그때 다시 보고드리겠습니다.

③ 과장님, 이 일은 중요한 일이라고 몇 번이나 말씀드렸잖습니까. 지난번에 제가 드린 보고서에 다 나와 있는 내용인데요. 자료 다시 출력해드리겠습니다.

④ 마음이 급해서 필요한 내용을 미처 꼼꼼히 말씀드리지 못하고 너무 결론만 말씀드렸나 봅니다. 과장님께서 여쭤보신 부분을 포함해서 주요 내용을 1분만 다시 설명드려도 괜찮을까요?

해설

①, ② → 과장은 집중해서 사무관의 보고를 들은 상황. 집중력 문제가 아니다.

③ → 물론 긴급하면서도 중요한 일은 과장이 파악하고 있어야 하지만 업무 범위가 넓은 관리직의 특성상 모든 업무를 실무자 수준으로 알고 있는 것은 사실상 불가능에 가깝다. 따라서 모든 내용을 과장에게 공부시키는 것보다는 중요한 내용만을 보고하는 것이 더 바람직하다. 게다가 어투가 심히 공격적.

④ → 관리자가 보고에 집중하고 있음에도 불구하고 이해를 못 했다면, 실무자의 보고 스킬로 충분히 문제를 해결할 수 있는 상황.

☞ 1-1. 그래서 그게 뭐 어떻게 되는 거라고?

278

Q2. Y과장이 L사무관을 급하게 부른다. 잔뜩 화가 난 듯하다. "이걸 이렇게 하면 어떡해? 언제 내가 이런 식으로 일을 진행하랬나! 보고도 없이 멋대로 처리해도 되는 거야?" L사무관은 당황해 얼른 상황을 파악해 본다. 그런데 이상하다. 분명히 지난번에 과장에게 보고한 내용이다. 이미 보고를 한 건데, 자신이 기억하지 못하면서 남들 앞에서 창피를 주다니. Y과장은 씩씩대며 자리에 앉지도 않은 상황이다. 이때, L사무관의 행동으로 가장 가능한 것은?

① (당시 보고 상황 녹음본을 재생하며) 이거 들리세요? 제가 지난번에 분명히 보고드렸던 내용인데요? 과장님이 그렇게 하라고 지시하셨잖아요? 평소에 자주 까먹으시는 것 같아서 제가 미리 녹음해 놨습니다.

② (눈물을 흘리며) 과장님, 정말 너무하세요. 저 앞으로 창피해서 어떻게 회사를 다니나요. 저 오늘 일 더 못 하겠어요. 조퇴하겠습니다.

③ (당시 보고서를 보여주며 작은 목소리로) 이거 과장님께 보고드렸던 자료입니다. 사업 추진 방향을 간략히 말씀드렸는데 다른 내용도 함께 말씀드리느라 단독 보고는 드리지 않았습니다.

④ (과장의 화가 가라앉는 시간을 벌 목적으로) 관련된 자료를 찾아서 정리해 보겠습니다. 정리가 다 되면 다시 보고드리겠습니다.

해설

①→직속 상사랑 사이가 안 좋아지면 정말 피곤하다. 연가 쓰기도, 외출 쓰기도 난감하다. 좋든 싫든, 직속 상사는 내 복무 상황에 대한 결정권자다.

②→어떤 상황에서도 감정적인 대응은 도움이 되지 않는다. 실무자의 억울함은 공감이 가지만 보고를 했다는 사실을 과장에게 인식시키지 못한다면, 과장은 계속 오해하게 될 거다. 과장은 L사무관을 '보고도 없이 맘대로 일을 처리한 데다가, 눈물부터 흘리는 사람'으로 생각할지도 모른다.

③→보고 당시 사용한 자료는 관리자의 기억을 소생시키는 데 도움이 된다. 게다가 다른 사람에게 들리지 않게 작은 목소리로 이야기하는 점도 좋다.

④→과장이 어떤 내용에 대해 문책을 한다는 것은 일이 급박하게 돌아가고 있다는 소리. 따라서 이 방법은 과장의 조바심만 더하는 부작용을 낳을 수 있다. 다만 상황에 따라서는 좋은 전략이 될 수도 있다.

☞ 1-2. 나는 그런 얘기 들은 적이 없는데?

Q3. 단독으로 행사를 추진하고 있는 2년 차 K사무관. 일전에 담당하던 사업에서 큰 실수를 해서 된통 데인 적이 있는 터라, 이번 행사는 실수 없이 하기 위해 여러모로 신경을 쓰고 있다. 과장에게 행사 진행 상황을 보고하는데, 갑자기 "이렇게 큰 행사를 K사무관 혼자 준비할 수 있겠어?"라며 같은 과의 M주무관을 부르더니 앞으로 함께 행사를 준비하라고 한다. 이때, 과장의 속마음으로 보기 어려운 것은?

① K사무관이 혼자 다 하기에는 업무가 너무 많으니까, 요즘 일이 적어 보이는 M주무관에게 조금 나눠 줘야겠다.

② 저번에도 일을 망쳤는데, 이번에도 실수 안 하리라는 법은 없지. K사무관만으로는 영 안심이 안 된단 말이야. 꼼꼼한 M주무관을 붙여서 사고 안 나게 해야겠다.

③ 보아하니 K사무관은 아직 일이 많이 서투르네. 경력 많은 M주무관과 함께 일하면 K사무관에게도 많은 도움이 되겠지?

④ 요즘 K사무관이 일을 좀 나태하게 하는 거 같단 말이지. 이렇게 자극을 주면 업무를 더 열심히 하겠지?

해설

① → 직원의 업무 부담까지 생각해 주는 상사라면 가능한 일. 다만 M주무관이 진짜 일이 없는지는 모를 일이다.

② → 이런 경우라면 이미 K사무관은 과장에게 신뢰를 잃은 셈. K사무관 큰일 났는걸.

③ → 직원의 업무 능력을 향상시키는 것도 관리자의 역할. 꽤나 배려 깊은 상사.

④ → 다만 효과적인 방법인지는 미지수. K사무관이 눈치가 없으면 어쩌려고. 알고 보면 K사무관은 이미 열심히 하는 중이었으면 어쩌려고. K사무관과 M주무관이 둘 다 불쾌해하기만 하면 어쩌려고.

☞ 1-4. 진짜 이대로 하면 되는 거 맞아?

Q4. 어느 날 O과장이 갑자기 H사무관을 자리로 부른다. 자리로 찾아온 H사무관에게 O과장은 내년에 새롭게 과에서 추진할 사업 아이디어를 제시하며, H사무관에게 구체적인 계획을 수립해 보라고 말한다. H사무관은 난색을 표한다. 현재 자신이 맡고 있는 업무가 많아 새로운 사업 계획을 수립할 여력이 없다고 한다. 이때 O과장이 H사무관에게 말한다. "에이, 요즘 하는 일도 별로 없잖아." 이 말의 숨겨진 뜻에 가장 가까운 것은?

① 우리 때는 까라면 깠어. 어디서 과장이 하라는데 못 하겠다고 덤비나 덤비긴.

② 일 없는 거 뻔히 아는데 어디서 거짓말이야.

③ 그러지 말고 나 좀 도와주는 셈 쳐줘.

④ 네가 뭐라고 하든 어차피 앞으로 어지간한 신규 사업은 다 네게 시킬 거야.

해설

①, ④ →변화된 조직문화에 적응을 못 하는 과장, 자신이 과거에 희생된 만큼 자신도 누리기를 원하는 과장, 자신의 말에 직원이 무조건 복종해야 한다고 생각하는 상사라면 가능하다.

② →실제로 H사무관이 업무가 많다고 하더라도 관리자 입장에서 모든 직원들의 업무 부하 여부를 정확히 모니터링하기는 어렵다.

③ →과장도 조직에서는 중간 정도의 계급이기 때문에 윗사람에게 눈에 띄는 성과를 보여야 한다. 어쩌면 H사무관이 가장 믿음직한 직원이어서 따로 불렀는지도. 다만, 그렇다면 다른 표현으로 부탁하는 것이 더 나았을 것 같다.

☞ 1-5. 요새 하는 일도 별로 없잖아?

Q5. 올해 처음 시행된 정책을 맡아 운영하고 있는 N사무관. 하반기 운영 방향을 검토해 과장에게 보고한다. 과장은 N사무관의 보고를 다 듣고 나서는, 활짝 미소 지으며 그대로 진행하라고 한다. N사무관은 불안한 마음에 과장님 의견은 어떠신지 몇 번을 여쭙지만, 과장은 사무관이 알아서 하라는 말뿐이다. "N사무관 하고 싶은 대로 해요." 과장의 속마음으로 가장 그럴듯한 것은?

① 어차피 별로 중요하지도 않은 사업인데 저런 것까지 신경 쓰기 힘들다. 가뜩이나 우리 과 현안도 산더미인데. 어휴.

② 다른 사람도 아니고 N사무관 의견인데. 우리 과 에이스 생각이 틀릴 리가 있겠나.

③ 내 생각은 좀 다르긴 하지만 그냥 넘어가자. 업무 동기를 위해서는 직원 기를 살려주는 게 중요하니까 말야. N사무관은 자존심도 세기로 유명하고 말이지.

④ 이 사업은 어떻게 추진해도 나중에 문제가 될 것 같네. 사무관에게 떠넘기고 나는 내 몸이나 지켜야겠다.

해설

①→상대적으로 주목을 덜 받는 일에 신경을 덜 쓸 수는 있지만, 관리자가 신경 쓰지 않은 일은 나중에 문제가 될 확률이 높다. 나중에 생길 문제를 예방하기 위해서라도 신경은 쓰게 된다.

②→신임하는 직원의 의견이라면 더욱 존중할 수는 있지만, 과장이 검토도 하지 않고 누군가의 의견을 신봉한다는 것은 비현실적이다.

③→과장마다 스타일이 다르겠지만, 충분히 가능한 일이다.

④→중앙 부처에서 사무관은 실무자다. 책임자는 과장이므로, 과장이 책임을 회피할 수는 없다.

☞ 1-6. 그래 그래, 그렇게 하지

Q6. 새로 부임한 B과장 때문에 S사무관은 요즘 무척 힘들다. 특히 가장 힘든 건 수많은 잔소리. 책상 위가 지저분해서 보기 싫다며 하루에 한 번은 책상 정리를 하라는 이야기까지 들었다. S사무관은 동기인 L사무관에게 호소한다. L사무관은 B과장과 함께 일해본 적이 있어서 B과장의 스타일을 잘 안다. "내가 책상 치우라는 소리까지 들어야 해? 초등학교 때 엄마한테 잔소리 들은 이후로 이런 이야기는 처음이야!" L사무관이 S사무관에게 할 수 있는 말은?

① 너도 문제야. 나한테 상사 험담을 하면 어떡하니?

② 나도 처음에는 되게 싫었는데, 그게 또 그 과장님의 업무 노하우더라고. 속는 셈 치고 척이라도 해봐. 진짜야.

③ 사실 나도 그것 때문에 스트레스 많이 받았어. 그래서 언젠가부터는 아예 귓등으로도 안 들었어. 그러다 보니 나도 모르게 업무에서까지 과장님 말을 안 듣게 되더라고. 뭐, 덕분에 일을 안 해서 좋더라.

④ 화를 내보는 건 어때? 듣기 싫어한다는 걸 확실히 알려드리는 거지.

해설

①→ S사무관과 인연을 끊고 싶다면 모를까.

②→ 상황에 따라 다르지만 잔소리에는 노하우가 들어 있는 경우가 많다. 물론 더 좋은 방법으로 전달되지 못한 건 아쉽지만, 그렇다고 아예 무시하기에는 아까운 경험의 농축물이다.

③→ 회사 안에서 불통의 아이콘이 될 거라면 모를까.

④→ 감정적 대응은 언제나 틀리다.

☞ 1-7. 글자 크기는 15포인트랬잖아

Q7. 더운 여름, 1년 차 A사무관은 당당하게 반바지를 입고 출근을 했다. 쿨비즈 룩을 정착시키기 위해 자신이 나서야겠다는 신념에서였다. A사무관의 반바지를 본 과장이 말한다. "이야, A사무관 오늘 패션이 영(young)하네." 이때, 과장이 진짜 하고 싶었던 말은?

① 와, 자네 패션 센스가 정말 좋네. 참 부러워.

② 세상에, 그 옷 어디서 샀나? 시원하고 좋아 보이네. 나도 사고 싶네. 좀 알려주게.

③ 그래도 회사인데 그런 옷은 좀 심하지 않나?

④ 나는 반바지를 입고 출근한 직원에게도 칭찬하는 수평적 상사라네.

해설

①, ② →정말 편견 없고 수평적인 상사라면 가능하다.

③ →일반적인 경우일 것이다. 대놓고 뭐라고는 못 하고, 돌려 말하는 것.

④ →자신이 꼰대가 아니라는 것을 은근히 자랑하고 싶은 과장이라면.

☞ 기타

02. 꼰대 과장 적응도 테스트

Q1. 4시에 갑자기 일이 터져 과장님과 앞줄 사무관님이 정신없이 일하고 있다. 6시가 넘었지만. 아마 과장님과 사무관님은 저녁도 못 먹고 계속 일을 할 것 같다. 나는 오늘 급하게 할 일이 없다. 어떻게 할 것인가?

① 가는 듯 안 가는 듯 조용히 퇴근한다.

② 과장님과 사무관님에게 인사를 하고 퇴근한다.

③ 눈치가 보이니 7시까지 기다리다 간다.

④ 사무관님에게 도울 일이 있는지 물어본다.

해설

①→ 방해하지 않는 게 상책이라고 생각했겠지만 인사도 안 하고 정나미 없다고 생각하실지도.

②→ 과장님과 사무관님께 인사는 하고 퇴근하는 것이 예의니까 민망함을 무릅쓰고 퇴근해야 겠다고 생각했겠지만 그냥 눈치가 부족한 직원이라고 생각하실지도.

③→ 내가 7시까지 기다렸는지 기다리지 않았는지 알지도 못할지도.

④→ 두근두근. 제발 괜찮다고 말씀해 주시길 바랐겠지만, 일을 주실지도.

☞ 2-1. 남들 다 야근하는 거 안 보이나?

Q2. 이번 주 금요일은 연가를 써서 오랜만에 친구들과 캠핑을 가기로 했고, 과장 님께도 이미 결재를 받았다. 그런데 갑자기 다음 주로 잡혀 있던 외부 행사 가 이번 주 금요일로 변경되었다. 나와 옆 사무관이 공동으로 주재하는 행사 이고, 특히 내가 맡고 있는 사업의 비중이 크기 때문에 되도록이면 직접 가야 할 것 같다. 그런데 옆 사무관도 참석하기 때문에 내가 안 가도 티가 크게 나 지는 않을 것 같아서 판단이 잘 서지 않는다. 어떻게 할 것인가?

① 과장님이 이미 금요일에 연가를 쓰라고 하셨으니 쓴다.

② 눈물을 머금으며 연가를 취소한다.

③ 꼭 가야 하는 행사면 과장님이 곧 말씀하시겠지 하고 눈치를 본다.

④ 옆 사무관에게 잘 챙겨달라고 조용히 말한다.

해설

① → 애써 자기 위안을 삼고 있지만, 다시 생각해 보자.

② → 친구들아 미안하다. 난 노예인걸.

③ → 꼭 가야 하는 행사인지는 과장님이 아니라 본인이 잘 판단할 수 있지 않을까.

④ → 평소에 인간관계를 잘 쌓아놓자.

☞ 2-2. 휴가도 회사 생각 좀 하면서 써야지!

Q3. 국장님 주재로 과장급 긴급 회의를 하는데, 우리 과는 과장님이 출장 중이어서 내가 대참했다. 국장님이 각 과별로 문제를 해결하기 위한 아이디어를 제시하라고 하셔서 과장님들이 돌아가면서 말씀하는데 대부분 비슷한 이야기다. 나도 앞에서 나온 이야기 외에 특별한 아이디어가 떠오르지 않는다. 내 차례가 되었다. 어떻게 할 것인가?

   ① 방금 앞에서 나온 얘기들을 포장해서 다시 얘기한다.

   ② 방금 앞에서 나온 얘기들을 정리한다.

   ③ 특별한 아이디어가 없다고 말씀드린다.

   ④ 시간이 더 필요하다고 말씀드린다.

해설

①→이 사무관은 내가 했던 얘기를 또 하네.

②→이 사무관은 갑자기 왜 정리를 하지?

③→이 사무관은 생각이 없고, 정직하구먼.

④→이 사무관은 면접시험을 보러 왔구먼.

☞ 2-3. 다들 자기 생각이 없어?

Q4. 수요일 아침, 금요일 실국장님께 보고해야 하는 보고서 작성을 해야 한다. 중요한 보고서인 만큼 공들여 쓰고 싶은데 벌써 목요일 오후다. 어떻게 할 것인가?

① 일단 대충 마무리 지어서 과장님께 가져간다.

② 과장님이 아직 재촉하지 않으니 괜찮다고 생각하고 계속 작성한다.

③ 금요일 아침에 완벽한 보고서를 보여드릴 것으로 생각한다.

④ 시간이 더 걸리더라도 내가 만족할 만한 수준이 된 후에야 가져간다.

해설

①→이왕 벌어진 일, 매도 빨리 맞자.

②→과연 과장님이 재촉하지 않으셨을까? 기억을 더듬어보자.

③→그래 금요일 아침이 되면, 어제의 선택을 후회하겠지.

④→난 항상 내 보고서에 만족하고 있었고, 항상 그건 그렇게 중요하지 않았지.

☞ 2-5. 그거 시킨 지가 언젠데 아직도야!

Q5. 과장님이 백데이터로 사용하기 위해 타 부처 소관을 포함한 백 개의 사업을 내용대로 분류하라고 시키셨다. 절반쯤 하다가 내가 자의적으로 사업 내용을 분류하고 있는 것은 아닌지, 내가 제대로 분류하고 있는 게 맞는지 의문이 들면서, 과연 끝낸다고 하더라도 도움이 될까 하는 생각이 든다. 어떻게 할 것인가?

① 과장님이 시킨 일이니 밤을 새서라도 계속한다.

② 과장님께 가서 이 일을 계속하는 게 맞는지 잘 모르겠다고 말한다.

③ 일단 다른 일을 하다가 과장님이 물어보면 하고 있다고 대답한다.

④ 과장님이 잊어버리실 때까지 조용히 기다린다.

해설

①→ 억울하니 과장님께 밤을 샜다고 말하자.

②→ 맞는지 모르겠다고? 모르면 알려주지, 계속 하시게.

③→ 그러나 꼬리가 길면 잡히는 법.

④→ 과장님은 절대 잊어버리시지 않는다.

☞ 2-6. 뭐? 다른 일이 있어 깜빡해?

Q6. 오늘 드디어 내가 맡고 있는 업무의 중간 단계가 마무리되었다. 과장님께 이 상황을 보고드려야 할까 했는데 과장님이 최근 터진 현안으로 너무 바빠 보이신다. 정신없어 보이는 과장님께 별것도 아닌 내용을 보고해서 일을 복잡하게 만들어야 하나 싶은 생각도 들고, 아직 중간 단계여서 그대로 진행해도 될 것 같다는 생각도 든다. 어떻게 할 것인가?

① 내가 맡은 업무도 과장님의 업무 중 하나이므로 가서 보고드린다.

② 과장님이 골머리를 앓고 있는 문제가 잠잠해질 때까지 기다린다.

③ 중간보고는 크게 중요하지 않으니, 다음번 최종보고 때 한꺼번에 말씀드린다.

④ 과장님이 식사 또는 화장실 가실 때 던지듯이 말씀드린다.

해설

①→ 다만, 빠르고 정확하게 보고해 주길 바라.

②→ 골머리를 앓고 있는 문제는 결코 잠잠해지지 않는다.

③→ 그때 가서 되돌릴 수 없는 일이면 어떡해.

④→ 방금 뭐가 던져지듯이 날아왔는데, 뭐였지?

☞ 2-7. 꼭 내가 찾아야만 보고를 하나?

Q7. 최근 프로젝트를 하면서 나의 생각과 과장님의 생각이 많이 다른 것을 알게 되었다. 오늘은 간단한 문구를 작성했는데 과장님이 다르게 고쳐보는 건 어떻냐고 대안을 제시했다. 나는 과장님이 주신 대안보다 내가 쓴 문구가 좋다. 어떻게 할 것인가?

① 간단한 내용이니 과장님 말씀대로 한다.

② 한 번 더 말씀드려도 설득되지 않는다면 과장님 말씀대로 한다.

③ 과장님이 주신 대안의 문제점을 말하면서 계속 설득시킨다.

④ 내 문구의 장점을 말하면서 과장님을 설득시킨다.

해설

①→ 마음 아프지만 문구 하나 바꾼다고 세상이 망하지 않잖아요.

②→ 진인사대천명, 할 만큼 했으니 받자.

③→ 거참 이 사무관은 이 문구에 남다른 애착이 있구먼.

④→ 내가 쓴 문구가 그렇게 좋으면 일기장에 써놓자.

☞ 2-8. 지금 자네 나를 가르치는 건가?

03. 꼰대 과장 탈출도 테스트

Q1. C과장은 회사에서 주목받고 있는 큰 프로젝트를 오늘 성공적으로 마무리했다. 마지막 날까지 퇴근 시간을 훌쩍 넘기며 고생한 직원들을 보며 C과장은 그동안의 수고에 대해 격려하고 고마움을 표시하고 싶다는 마음이 들었다. 이때, C과장은 어떻게 해야 할까?

① 2차니 3차니 계속되는 회식은 지양하고, 한 가지 종류의 술로 1차만 9시 전에 끝내는 119 회식을 한다.

② 고생했다고 격려하며 일찍 퇴근하도록 배려한다.

③ 국장님을 불러 저녁을 함께하면서 국장님에게 얼굴도장을 찍을 수 있도록 돕는다.

④ 가장 많이 고생한 것으로 보이는 부서원 몇 명에게 카톡으로 치킨 쿠폰을 슬쩍 보낸다.

해설

①→ 119 회식이라는 것도 철 지난 꼰대 문화의 잔재일지도 모른다. 분명 대부분의 직원은 회식을 하며 상사와 동료들의 얼굴을 보느니, 어서 퇴근을 하고 싶을 거다. 가정이 있는 사람이라면 더욱.

②→ 무엇을 할지 모르겠거든 이른 퇴근이라도 시켜줘라. 무조건 중간 이상은 간다.

③→ 출세 지향적인 일부 워커홀릭 직원에게는 좋은 보상일 수 있지만, 보통의 직원은 국장님과의 자리도 부담스럽고 저녁 시간을 뺏기는 게 아주 싫을 거다. 회사 사람과는 업무 시간에만 보게 해주자.

④→ 자본주의 사회에서 자본은 항상 옳다. 고마운 마음이 들거든 돈으로 표현하라. 다만 자신의 재무구조를 염두에 둬야 하는데, 프로젝트가 있을 때마다 지갑을 열 수는 없기 때문이다. 게다가 이 방법은 쓰면 쓸수록 효과가 떨어지는 한계 효용 체감의 방법. 게다가 몇 명에게 선물을 줄지도 애매하다. 만약 선물을 못 받은 사람이 나중에 이 사실을 알고 배신감을 느낀다면? 꽤나 큰 부작용을 겪을 거다.

☞ 3-1. 1차만 하면 괜찮지 않을까?

Q2. K과장은 과원들과 함께 점심을 먹으며 최근 뜸했던 직원들과 소통하려고 한다. K과장은 어떤 말을 해야 할까?

① 참, 요즘 주말에 기타를 배운다면서요? 좀 어때요?

② 요즘 넷블릭스에서 비닐의 숲이라는 드라마가 진짜 재밌더라고요. 원래 평소에는 스릴러 드라마를 별로 안 좋아하는데 이 드라마는 참 볼만하더라고. 배우도 연기를 기가 막히게 잘하고. 그렇지 않아요?

③ 어제 인사팀장님이 저 멀리서부터 나를 알아보고 인사를 하더라고. 역시 인사팀장이 되려면 인사를 잘해야 하나봐. 괜히 인사팀 이름이 인사팀이겠어?

④ 지난주에 소개팅을 했다는 소리가 있던데? 잘됐어요?

해설

① → 업무와 무관한 주제를 꺼낸 것도 좋고, 자신의 얘기가 아닌 직원의 얘기를 물어본 것도 좋다. 주제 역시 사생활을 침해하지 않는 수준. 열린 질문을 던져 상대가 대답하고 싶은 만큼만 대답하게 해주는 스킬도 훌륭하다.

② → 상사는 사석에서라도 말을 줄이는 것이 좋다. 그렇지 않아도 직원은 상사 이야기를 경청해야 하는 입장인데, 사석에서까지 상사의 얘기를 듣는 것은 꽤 힘들 거다. 대화의 주도권은 아랫사람에게 넘겨주자. 다만 아이스 브레이킹을 위해서라거나, 상사의 회사 생활 노하우를 듣고 싶어 하는 직원들에게 공유해 주는 팁 등은 적절할 수도.

③ → 젊었을 때, 유머 감각이 좋다는 소리를 들어보지 않은 사람이라면 절대 직원 앞에서 개그를 하지 말자. 직원이 상사의 농담에 웃는 것은 십중팔구 예의를 갖추는 거다. 가끔 진짜 재밌는 상사가 있기는 하지만, 그게 나라고 생각하지는 말자. 요즘 세대에게 상사의 농담이 진짜 웃기기는 쉽지 않다.

④ → 직원의 사생활에 대해 묻는 것은 자칫하다간 갑질로 이어질 수 있다. 특히나 요즘처럼 성인지 감수성이 중요한 시대에서는 오해를 살 수도 있다. 직원과 단 둘이 있을 때도 조심해야 하는 이야기를, 여럿이 있을 때 하는 것은 정말 조심해야 한다. 해도 될 질문인지 하면 안 될 질문인지 헷갈린다면 하지 마라.

☞ 3-2. 둘만 있으면 무슨 얘기를 하지?

Q3. 오늘도 A사무관은 야근을 하는 분위기다. A사무관은 평소에도 다른 과원들보다 퇴근을 늦게 하는 경향이 있다. 퇴근을 하려던 L과장은 A사무관을 보며 내심 의아한 마음이 들었다. 오늘은 별다른 현안이 터진 것도 아니고, 업무가 몰린 것도 아니어서 A사무관이 제때 퇴근하지 못 하는 이유가 궁금하다. 이때, 관리자로서 L과장은 어떻게 해야 할까?

① 도대체 무슨 일이 그렇게 많은지 궁금하지만 다른 직원의 칼퇴를 위해 조용히 퇴근한다.

② A사무관에게 도와줄 일은 없는지 물어본다.

③ B사무관을 불러 A사무관의 일을 도와주라고 지시한다.

④ A사무관의 노고를 치하하면서 야근을 위한 기력 충전을 위해 맛있는 저녁을 사준다.

해설

①→평소에는 물론 일이 없어 보이는 날까지 초과근무를 한다면, 그 사람은 생계형 초과근무를 하고 있을 가능성이 높다. 다른 사람들이 모두 제시간에 퇴근을 한다면 더더욱 그렇다. 물론 특정 직원에게만 일이 몰렸을 가능성도 있지만, 이는 향후 업무 분장을 면밀히 살펴보고 직원들의 의견을 수렴함으로써 해결할 문제다.

②→ A사무관이 필요에 따라 과장에게 도움을 부탁하거나 또는 혼자 야근을 하겠다고 할 거다. 선택권을 직원에게 준다는 것 자체로 이미 베스트 과장이다. 물론 직원 성향에 따라 남아달라는 말을 못 할 수도 있다. 이런 속마음까지 눈치챘다면 진짜 베스트 과장.

③→B사무관이 자신의 업무를 내팽개쳐서 A사무관이 넘치는 책임감으로 인해 억지로 일을 떠맡은 극히 예외적인 상황이 아니라면 권하고 싶지 않다. B사무관은 갑자기 떨어진 본인 업무 밖 지시에 칼퇴를 못하고, A사무관은 B사무관에게 미안한 마음을 갖게 된다. 더군다나 A사무관이 혼자 남아서 일하는 걸 좋아하는 사람이라면 A사무관의 업무 환경도 불편하게 만든 셈. 모두 안 좋은 상황.

④→일이 많아서 야근을 하는 경우든 생계형으로 야근을 하는 경우든 자신의 저녁 시간을 직장 상사와 보내고 싶은 직원은 드물다. 노고를 치하하려면 차라리 돈으로 떼워라. 카드라도 건네라. 그 편이 훨씬 칭송받을 거다.

☞ 3-3. 옆에 있는 게 좋은 건가?

Q4. 외국어에 능숙한 T주무관. 알고 보니 중고등학교를 모두 외국에서 나온 유학파였다. 마침 C과장은 외국어 공부에 흥미가 생겨, T주무관과 친해져서 외국어 실력을 키우고 싶다. 이때, C과장은 어떻게 해야 할까?

① T주무관에게 스터디를 제안하며 주기적으로 만나 외국어 실력을 쌓는다.

② T주무관에게 점심을 사주며 외국어 공부의 노하우를 배운다.

③ T주무관에게 편한 시간에 공부를 가르쳐달라고 부탁한다.

④ T주무관에게 함께 일할 것을 제안하며 자연스럽게 친해질 기회를 노린다.

해설

① → T주무관이 직급 차이에 연연해하지 않고 진짜 편하게 스터디에 임할 수 있다면 나쁘지 않다. 하지만 대부분의 주무관에게는 업무 외적으로 과장과 인연을 이어가야 한다는 것이 꽤나 부담스러울 게다.

② → 물론 외국어 공부에 지름길은 없다. 점심 식사 한 번으로 해결이 되지는 않을 거다. 그렇지만 친해지고 싶은 주무관이 있다면 사심 덜어내고 그냥 점심을 사주는 것만으로도 충분하다. 진심은 통한다. 나를 좋아하는 사람에게는 호감이 가기 마련이다.

③ → T주무관 입장에서 얻을 것 하나 없는 노동을 강요받는다고 생각하기 쉽다. 어떻게 과장의 부탁을 칼같이 거절하겠는가. 게다가 이런 부탁을 하는 과장이라면 T주무관에게 합당한 대가를 치르지도 않을 것이다. 차라리 학원을 다니자.

④ → 언뜻 보면 악의 없고 인내심 있는 사람이라고 생각될 수도 있다. 그러나 T주무관에게 C과장은 그저 수많은 회사 과장 중 한 사람이다. 친해지고 싶다면 상대방이 인지할 수 있도록 어필을 하는 것이 중요하지 않을까. 우연이 반복되면 인연이 된다는 것도 옛말이다. 우연을 가장한 자연스러운 만남을 굳이 만들 필요가 없다는 뜻이다.

☞ 3-4. 얼마큼이나 친해져도 되는 걸까?

Q5. S사무관과 R과장은 요즘 다툼이 잦다. R과장이 지시한 내용에 대해서 S사무관은 자신의 소신과 맞지 않는다며 그대로 이행할 수 없다고 반발하기 때문이다. 이때, R과장은 어떻게 해야 할까?

① S사무관에게 공직자는 하고 싶은 일만 하면서 살 수는 없다는 것을 강조하며 업무 이행을 계속 지시한다.

② 과 내 업무 분장을 조정하여 해당 업무를 다른 사무관에게 맡긴다.

③ S사무관에게 해당 업무에 대한 책임은 모두 과장 본인이 질 것임을 약속하며 업무 이행을 호소한다.

④ 인사팀에 가서 S사무관을 교체해 달라고 요구한다.

해설

① → 별다른 소통을 하지 않은 채 상사로서의 명령만 고집하는 것은 직원을 효과적으로 활용하는 방안이 아니다. 게다가 S사무관의 업무가 정치적인 성향을 띤 업무라면 향후 감사의 위험까지도 있다. 이런 상황에서 일방적으로 당위성만 늘어놓는 것은 그다지 바람직한 일이라고 볼 수 없다.

② → 업무 분장은 과장의 권한이므로 적절한 업무 재조정을 통해 문제를 해결할 수 있다면 그 또한 방법이기는 하다. 그러나 잦은 업무 조정은 직원들의 피로도를 높인다. 명분 없는 업무 조정은 더더욱. 업무 조정은 언제나 만족보다 더 많은 불만족을 만들어낸다. 경청과 설득의 노력 없이 업무 조정만으로 문제를 해결하려고 하는 건 리더십을 약화시키는 일이다.

③ → 문제가 터지기 전에는 '내가 다 책임질게'라며 큰소리칠 수 있다. 하지만 진짜 문제가 생겼을 때도 그럴 수 있을까. 인간이라면 스스로를 너무 믿지 말자. 게다가 S사무관은 책임 문제를 이야기하는 것이 아니라 본인의 소신과 맞지 않음을 말하는 상황이다. 제대로 된 해결책은 적극적인 소통과 이해일 것이다.

④ → 결국 조직 안에서 최후의 방법은 인사발령이기는 하지만 자칫하면 사무관 하나 컨트롤 못하는 과장이라는 오명을 쓸 수도 있다. 사무관 평판에도 악영향을 끼칠 거고.

☞ 3-5. 어디까지가 세대 차이일까?

Q6. O과장은 회사 경력 5년이 넘은 G주무관과 함께 일하고 있다. 그런데 O과장은 G주무관이 작성한 보고서가 도통 만족스럽지가 않다. 5년이나 일을 했다는데, 보고서만 보면 새내기 주무관이 더 낫다는 생각까지 든다. 이때, O과장은 어떻게 해야 할까?

① (B사무관에게) "자네가 G주무관 사수잖아. 앞으로 G주무관이 작성한 보고서는 자네가 책임지고 보완하게."

② (G주무관에게) "이 보고서 파일을 메일로 보내줄래요? 내가 몇 군데만 직접 수정할게요."

③ (G주무관에게) "헤드라인 밑에 박스를 하나 만들어서 보고서의 취지를 두 줄 정도로 요약해서 달아주세요. 마지막은 추진 방향이 아니라 향후 일정으로 수정하고 월 단위로 계획을 넣어주시고요. 조사에 넣은 볼드체는 빼주세요."

④ (K주무관에게) "관련 자료를 메일로 공유해 드릴 테니, 보고서 하나만 작성해 주세요. 2페이지 분량으로."

해설

① → 더 이상 잔소리를 안 해도 되니 과장은 마음이 편하다. 보완한 보고서가 마음에 안 들면 B사무관에게 제대로 챙기라고 한마디만 하면 된다. 하지만 부서원의 성장을 도모해야 하는 과장의 역할을 제대로 하지 않은 데다가, 사무관에게는 업무를 얹어 주는 셈이다.

② → 손댈 데가 너무 많다면 일일이 피드백을 하느니 이게 더 효율적일 수는 있다. 특히 급하게 보고서를 만들어야 할 때는, 정답일 수도 있다. 그렇지만 일반적인 경우, 그다지 바람직한 방안은 아니다. G주무관은 성장의 기회를 놓치고, O과장 역시 '보고서를 잘 쓰는 G주무관'과 일할 기회를 놓치게 된다.

③ → 상세한 피드백을 통해 직원의 성장을 도우면서도 보고서의 질을 높일 수 있다. 다만 신속한 보고서 작성이 필요할 때는 어려운 방법이다. 또한 G주무관의 기분과 심리 상태를 고려하여 피드백의 정도와 방법을 적절히 선택할 필요가 있다.

④ → 어떤 일을 수행할 만한 역량이 부족하다고 해도 일단 맡긴 일은 끝까지 해낼 수 있도록 기회를 줘야 한다. 업무 중간에 담당을 바꾸면 업무를 뺏긴 G주무관의 자존감이 낮아질 수 있다. 사수인 B사무관과 업무를 떠맡은 K주무관의 불쾌감은 덤이다.

☞ 3-6. 어디까지 첨삭을 해야 하지?

Q7. 평화로운 나날을 보내고 있는 N과장. 이 부서에 과장으로 발령받은 지 1년이 넘었지만, 요즘처럼 평안할 때가 없었다. 그런데 오늘 오후, 갑자기 일이 터졌다. 급히 처리해야 하는 신규 업무가 떨어졌다. 심지어 신규 업무는 윗분들도 관심이 많은 업무다. 신규 업무와 관련해 N과장은 어떻게 해야 할까?

① 평소에 야근이 거의 없어 여유가 있어 보이는 P사무관에게 일을 맡긴다.

② 현재 담당하는 일은 많지만 업무 능력이 뛰어난 L사무관에게 양해를 구하고 맡긴다.

③ 부서원끼리 업무 분장을 재조정하라고 지시한 후 결과를 존중한다.

④ N과장 본인이 직접 일을 맡아 진행한다.

해설

① → 야근이 없다는 것은 대개 두 가지다. 진짜 일이 없는 경우와 일을 너무 잘해서 근무시간 내에 효율적으로 처리하는 경우. P사무관이 전자라면 일을 맡기는 게 잘못된 것은 아니다. 하지만 후자의 경우라면 일방적으로 일을 맡기기보다 P사무관과 추가 업무에 대해 소통하고 미리 양해를 구하는 등 협의를 해야 한다.

② → 주변에서 자주 보이는 악현상이다. 기량이 탁월한 선수들을 혹사해 방전시킨 다음 선수생활에 일찍 종지부를 찍게 하는 것. L사무관이 멘탈이 강하고 체력도 받쳐주고 당분간 헌신하겠다는 마인드까지 갖췄다 해도, 과장이 먼저 나서서 심리적·신체적 탈진을 초래할 만한 상황을 만들지는 말자.

③ → 업무를 조정하고 분장하는 것은 과장의 책임이다. 업무 재조정 과정에서 갈등은 불가피하다. 일을 좋아하는 사람은 거의 없다. 얼굴 붉힐 만한 사안이 초래된다면 과장이 기꺼이 갈등 중재자가 되어야 한다. 과장으로 짊어져야 하는 당연한 책무를 도외시하고, 민주적이라는 미명하에 부서원에게 떠맡기는 건 무책임한 처사다.

④ → 정말 어쩔 수 없는 경우에만 예외적으로 사용될 수 있는 방법. 과장은 부서 일을 총괄하면서 병목현상이 초래되지 않도록 전체적으로 살펴야 한다. 특정 사안을 과장이 사무관처럼 맡아서 처리하다 보면 과장의 역할에 소홀해질 수밖에 없다. 하지 않아도 되는 신규 업무라면 과감하게 쳐내는 것이 과장의 역할이다. 하지만 어쩔 수 없이 해야만 하는 업무라면 그 업무를 잘해낼 수 있는 사무관과 주무관을 선정하고 그들이 업무를 담당하도록 설득하는 것이 과장의 역량이다.

☞ 3-7. 어떻게 하면 지시가 아닌 설득을 할까?

Q8. R과장이 속해 있는 회사에서는 매년 승진을 위한 근무성적평가가 진행된다. 직원에 대한 근무성적평가 권한은 직속 과장에게 있는데, 연공서열 문화와 성과평가에 대한 요청이 혼재되어 있는 상황이다. 한편 R과장은 내년도 사무관 승진시험을 준비 중인 6급 주무관 4명에 대한 근무성적평가를 해야 한다. 4명의 주무관 중 R과장은 누구에게 가장 높은 평가를 줘야 할까?

① K주무관: 6급 승진이 가장 빨랐고, 6급으로 본부에서 일한 경력이 가장 길다.

② Y주무관: 금년도 주요 사업을 담당했던 사람으로, 큰 성과를 냈다.

③ H주무관: 6급 경력은 짧지만 공무원 총 경력은 가장 길고 국 주무로 국 공통 업무를 총괄하는 역할을 하고 있다.

④ J주무관: 경력과 성과는 중간 수준이지만, 업무량이 많아 야근과 주말 출근이 가장 많았다.

해설

① → 연공서열은 여전히 가장 무난한 평가 방식이다. 연공서열이 높으면 국 주무를 하게 마련인데 주무를 하지 못하고 있다면 업무 역량을 높게 평가받지 못했거나 유사 경력자와 경쟁에서 밀렸을 수 있다. 연공서열이 높은 주무관이 국 내에 계속 머무르면 후배에게 부담이 되니 빨리 승진시켜 국에서 벗어나게 하려는 전략이 쓰이기도 한다.

② → 적극 행정이 공직에 이입되면서 연공서열에서 벗어나 혁혁한 성과를 세웠더라면 특별승진까지도 가능한 문화가 자리 잡고 있다. 하지만 이런 특혜 후에는 승진에서 밀려난 선배와 동기의 질투와 날선 비판이 기다리고 있다. 성과를 내는 직원이 있어야 과장도 빛이 나니 고성과자를 챙기는 모습을 보여주고 싶은 과장의 전략이다.

③ → 주무라면 국장, 때로는 실장까지 챙겼을 것이며, 법, 예산, 평가, 국회, 언론 대응 각종 업무도 총괄해야 한다. 따라서 주무 역할을 맡은 사람이 평가에서 높은 점수를 받는 경우를 쉽게 볼 수 있다.

④ → 업무량이 많아서 야근과 주말 출근 역시 많았고, 이를 모두가 알 만한 상황이라면 노고를 격려하는 의미에서라도 높은 평가를 줄 수 있다. 다만 경력에서도 성과에서도 비교우위가 있는 사람이 있으므로 질투 섞인 눈초리는 충분히 받을 수 있다.

☞ 3-8. 모두가 만족할 수 있을까?

참고문헌

- 강지연『90년생과 갈등없이 잘 지내는 대화법』메이트북스, 2020
- 김경일 〈한국인이 꼭 알아야 할 칭찬의 방법, 세상을 바꾸는 시간 15분〉 1170회, 2020.5.11. www.youtube.com/watch?v=3Ktf6NkgXtI
- 김 부장, 신 차장, 이 과장, 문 대리, 박 PD『언니들의 슬기로운 조직생활』한국경제신문, 2020
- 김준학『슬기로운 팀장생활』이담북스, 2020
- 김철원『슬기로운 공무원 생활』마인드빌딩, 2020
- 마쓰모토 도시아키『직장생활 힘빼기의 기술』북클라우드, 2019
- 셀레스트 헤들리『말센스』스몰빅라이프, 2019
- 박소연『일 잘하는 사람은 단순하게 합니다』더퀘스트, 2019
- 박신영『한 장 보고서의 정석』세종서적, 2018
- M과장『요즘 직장 생존법』흐름출판, 2020
- 유호현『이기적 직원들이 만드는 최고의 회사』스마트북스, 2019
- 이은형『밀레니얼과 함께 일하는 법』앳워크, 2019
- 이주희『직장인의 감정수업』RHK, 2018
- 이호건, 엄민영『새로운 리더가 온다』피플벨류HS, 2018
- 임홍택『90년생이 온다』웨일북, 2018
- 잭 내셔『어떻게 능력을 보여줄 것인가』갤리온, 2018
- 줄리 주오『팀장의 탄생』더퀘스트, 2020
- 한상아『끼인 팀장의 일센스』다른, 2020

뉴비와 꼰대가
함께 일하고 있습니다

초판 1쇄 인쇄 2021년 12월 24일
초판 2쇄 발행 2022년 4월 25일

지은이 H과장, D사무관, X사무관
펴낸이 정용수

편집장 김민정 **편집** 조혜린
디자인 데시그 호예원
영업·마케팅 김상연 정경민
제작 김동명 **관리** 윤지연

펴낸곳 ㈜예문아카이브
출판등록 2016년 8월 8일 제2016-000240호
주소 서울시 마포구 동교로18길 10 2층(서교동 465-4)
문의전화 02-2038-3372 **주문전화** 031-955-0550 **팩스** 031-955-0660
이메일 archive.rights@gmail.com **홈페이지** ymarchive.com
인스타그램 yeamoon.arv

H과장, D사무관, X사무관 © 2022
ISBN 979-11-6386-086-0 (03320)